VAMOS APRENDER

4

HISTÓRIA

ANOS INICIAIS DO ENSINO FUNDAMENTAL

COMPONENTE CURRICULAR:
HISTÓRIA • 4º ANO

Caroline Minorelli
Bacharela e licenciada em História pela Universidade Estadual de Londrina (UEL-PR).
Especialista em História e Teorias da Arte: Modernidade e Pós-Modernidade pela UEL-PR.
Atuou como professora da rede pública no Ensino Fundamental e no Ensino Médio no estado do Paraná.
Autora de livros didáticos para o Ensino Fundamental.

Charles Chiba
Bacharel e licenciado em História pela UEL-PR.
Especialista em História Social e Ensino de História pela UEL-PR.
Professor de História da rede particular de ensino.
Autor de livros didáticos para o Ensino Fundamental.

São Paulo, 1ª edição, 2017

sm

Vamos aprender História 4
© Edições SM Ltda.
Todos os direitos reservados

Direção editorial	M. Esther Nejm
Gerência editorial	Cláudia Carvalho Neves
Gerência de *design* e produção	André Monteiro
Coordenação de *design*	Gilciane Munhoz
Coordenação de arte	Melissa Steiner Rocha Antunes, Ulisses Pires
Coordenação de iconografia	Josiane Laurentino
Coordenação de preparação e revisão	Cláudia Rodrigues do Espírito Santo
Suporte editorial	Alzira Bertholim Meana
Produção editorial	Scriba Soluções Editoriais
Supervisão de produção	Priscilla Cornelsen Rosa
Edição	Alexandre de Paula Gomes
Edição de imagem	Bruno Benaduce Amancio
Preparação de texto	Shirley Gomes
Revisão	Liliane Pedroso, Regina Barrozo
Edição de arte	Mary Vioto, Barbara Sarzi, Janaina Oliveira
Pesquisa iconográfica	André Silva Rodrigues, Soraya Pires Momi
Tratamento de imagem	José Vitor E. Costa
Capa	João Brito, Carla Almeida Freire
Imagem de capa	Fernando Volken Togni
Projeto gráfico	Marcela Pialarissi, Rogério C. Rocha
Editoração eletrônica	Renan Fonseca
Fabricação	Alexander Maeda
Impressão	Stilgraf

Em respeito ao meio ambiente, as folhas deste livro foram produzidas com fibras obtidas de árvores de florestas plantadas, com origem certificada.

Dados Internacionais de Catalogação na Publicação (CIP)
(Câmara Brasileira do Livro, SP, Brasil)

Minorelli, Caroline Torres
   Vamos aprender história, 4º ano : ensino
fundamental, anos iniciais / Caroline Torres
Minorelli, Charles Hokiti Fukushigue Chiba. –
1. ed. – São Paulo : Edições SM, 2017.

   Suplementado pelo manual do professor.
   Bibliografia.

   ISBN 978-85-418-1976-3 (aluno)
   ISBN 978-85-418-1977-0 (professor)

   1. História (Ensino fundamental) I. Chiba,
Charles Hokiti Fukushigue. II. Título.

17-11074   CDD-372.89

Índices para catálogo sistemático:
1. História : Ensino fundamental 372.89

1ª edição, 2017
3ª impressão 2019

Edições SM Ltda.
Rua Tenente Lycurgo Lopes da Cruz, 55
Água Branca   05036-120   São Paulo   SP   Brasil
Tel. 11 2111-7400
edicoessm@grupo-sm.com
www.edicoessm.com.br

APRESENTAÇÃO

Caro aluno, cara aluna,

Tudo o que existe ao nosso redor tem História: os objetos, as construções, as máquinas, os costumes, os hábitos cotidianos, o trabalho e, também, a vida das pessoas.

Para ajudar a compreender como nos tornamos o que somos e por que as coisas são como são, existe a disciplina de História. Por meio dela, podemos recorrer ao passado para saber de que maneiras as pessoas agiam, como realizavam seus trabalhos, e muito mais.

Portanto, este livro foi feito para ajudar você a estudar História. Nele, há diferentes tipos de textos, imagens, atividades e outros recursos interessantes para investigar e descobrir muitas informações sobre o passado. Ao estudar com este livro, você também vai perceber que a nossa vida, no tempo presente, é fruto das ações de pessoas que viveram no passado.

Bom ano e bons estudos!

SUMÁRIO

UNIDADE 1 — Uma história em construção 6

- A História e a vida das pessoas 8
  - Para fazer juntos! 8
  - Pratique e aprenda 10
- Os sujeitos históricos 12
  - Aprenda mais! 15
  - Pratique e aprenda 16
- Memória, lembranças 18
  - Pratique e aprenda 20
- As fontes históricas 23
  - O conhecimento histórico 25
  - Pratique e aprenda 28
  - Por dentro do tema
    Correios 30
  - Aprenda mais! 31

UNIDADE 2 — Conhecer o outro 32

- A história dos seres humanos 34
  - Os primeiros grupos humanos 35
  - A sedentarização 36
  - O povoamento do continente americano 38
    - Pratique e aprenda 40
- Os primeiros habitantes do território brasileiro 42
  - Os grupos caçadores e coletores 42
  - Os povos dos sambaquis 43
- Quando começa a história do Brasil? 44
- A diversidade de povos indígenas 45
  - Pratique e aprenda 47
- O cotidiano indígena no passado 49
- A relação com a natureza 51
  - Pratique e aprenda 52
  - Por dentro do tema
    Aprender com as pessoas mais velhas 55
- Navegar é preciso! 56
  - Novas rotas para o comércio 57
  - Pratique e aprenda 58
  - Para fazer juntos! 61
- A chegada dos europeus 64
  - Pratique e aprenda 66
- As diferentes relações entre indígenas e europeus 69
  - Pratique e aprenda 71
  - Investigue e aprenda
    Diferentes visões sobre o outro 72
- A vida nas vilas coloniais 74
  - O cotidiano das mulheres na Colônia 76
  - Aprenda mais! 77
  - Divirta-se e aprenda
    História em quadrinhos 78
  - Pratique e aprenda 80

UNIDADE 3 — Trabalho e cultura no Brasil 82

- A extração do pau-brasil 84
  - O trabalho indígena 85
  - A Mata Atlântica 85
  - Investigue e aprenda
    Terra Brasilis 86
  - Pratique e aprenda 88
- O início da colonização 90
- A África e o Brasil 91
- A diáspora forçada dos povos africanos 92
  - Reinos e impérios africanos 93
  - Pratique e aprenda 95
- O engenho de açúcar 97

Como funcionava um engenho? **98**
   Pratique e aprenda **100**
   Para fazer juntos! **102**
O trabalho escravo nas minas **103**
O trabalho escravo nas cidades **104**
Maneiras de lutar e resistir **105**
   Por dentro do tema
     Dia Nacional da
     Consciência Negra **106**
   Pratique e aprenda **107**
   Para fazer juntos! **109**
   Aprenda mais! **109**
Trabalhadores estrangeiros no Brasil **110**
   Imigrantes de todas as partes **111**
   O dia a dia dos imigrantes nas fazendas de café **112**
   Pratique e aprenda **113**
   Divirta-se e aprenda
     Etapas da produção de café **114**
A vida nas cidades **116**
   Pratique e aprenda **120**
   Para fazer juntos! **122**
   Aprenda mais! **123**

UNIDADE 4 — Tradições culturais no Brasil **124**

A cultura do tempo atual **126**
   Pratique e aprenda **128**
   Para fazer juntos! **129**
As tradições indígenas **130**
   Os indígenas e seu modo de vida **132**
   Pratique e aprenda **134**
   Divirta-se e aprenda
     Peteca **138**
Os direitos indígenas **139**

A presença dos portugueses **140**
   Para fazer juntos! **142**
   Pratique e aprenda **142**
   Investigue e aprenda
     Festas juninas **144**
   Para fazer juntos! **146**
As culturas africanas no Brasil ... **147**
   A cultura afro-brasileira **148**
   Pratique e aprenda **150**
   Aprenda mais! **152**
   Fazendo história
     Geledés, Instituto da Mulher Negra ... **153**
   Divirta-se e aprenda
     Ganzá **154**
A influência dos imigrantes no Brasil **155**
   Quem eram os imigrantes? **157**
   Pratique e aprenda **159**
   Aprenda mais! **161**
As migrações **162**
   As migrações e a formação cultural do Brasil **163**
   As migrações para a Região Norte **164**
   Por dentro do tema
     As Reservas Extrativistas **166**
   A cultura amazônica **167**
   Aprenda mais! **168**
   Pratique e aprenda **168**
Processos migratórios da década de 1950 .... **170**
A influência cultural nordestina na atualidade **171**
   Aprenda mais! **172**
   Pratique e aprenda **173**

Bibliografia **176**

Conheça os ícones
Responda à atividade oralmente.

Escreva a resposta no caderno.

unidade 1
Uma história em construção

Passeata em apoio à greve de trabalhadores, no ano de 1953, ocorrida na cidade de São Paulo.

Ponto de partida

1. Você considera importante conhecer sua história de vida e a história de vida das outras pessoas? Por quê?

2. Descreva a cena e as pessoas retratadas na foto.

3. Você já ouviu falar de alguma situação semelhante a essa ou já presenciou algo semelhante? Comente.

A História e a vida das pessoas

Tudo o que acontece em nosso dia a dia, as experiências pelas quais passamos, sozinhos ou com outras pessoas, fazem parte da nossa história de vida.

Muitos acontecimentos do passado também influenciam em nossa história de vida. Por isso, estudar História nos ajuda a entender como os acontecimentos do passado formaram a atual realidade.

Leia o texto a seguir.

> [...] A História estuda fatos relativos ao [ser humano] ao longo do tempo. O desenvolvimento das sociedades, a transmissão do conhecimento e da cultura, a construção e sucessão das civilizações e os acontecimentos anteriores aos fatos atuais são temas históricos que fazem parte da cultura da humanidade. [...]
>
> Quando crescer, vou ser... historiador!, de Paula Americano. Revista *Ciência Hoje das Crianças*. Rio de Janeiro: SBPC, ano 14, n. 118, 24 out. 2001. p. 12.

CONHECER O PASSADO É CONHECER TAMBÉM SOBRE A NOSSA PRÓPRIA HISTÓRIA.

1. Você se lembra de algum acontecimento que marcou a sua história de vida? Qual?

Para fazer juntos!

- Em dupla, converse com um colega sobre algum acontecimento que ocorreu na escola que vocês consideram importante. Escrevam um pequeno texto explicando qual foi esse acontecimento, quando ele ocorreu e por que ele foi importante. Depois, apresentem-no aos demais colegas em sala de aula.

Diversos acontecimentos fazem com que o modo de vida dos seres humanos se transforme no decorrer da história. Da mesma forma, as ações dos seres humanos influenciam nas mudanças que ocorrem na sociedade.

A maneira como nos relacionamos com as outras pessoas, os nossos meios de transporte e de comunicação, o modo como nos vestimos e nos alimentamos, por exemplo, não foram sempre os mesmos. Eles sofreram **mudanças** ao longo do tempo.

A foto a seguir mostra pessoas utilizando um meio de transporte comum nas cidades brasileiras há cerca de cem anos. Observe-a.

Foto que retrata um bonde puxado por mulas, por volta de 1910, em Paranaguá, Paraná.

2. Compare o bonde retratado na foto acima a um meio de transporte coletivo utilizado na atualidade. Houve mudanças? Quais? Converse com os colegas.

Ao mesmo tempo, podemos observar que muitos hábitos ou costumes cotidianos foram preservados, ou sofreram poucas modificações no decorrer da história. Esses aspectos que se mantêm preservados são as **permanências**.

O costume de registrar e trocar informações, por exemplo, permaneceu, mas os equipamentos utilizados para essa finalidade mudaram com o passar do tempo.

Máquina de escrever.

Computador portátil (*notebook*).

Que curioso!

História

O termo **História** é de origem grega e vem de *historía*, que significa "conhecimento por meio da investigação ou indagação".

Quando surgiu, há cerca de 2 500 anos, a História era considerada um relato daquilo que era observado ou presenciado pelo historiador, portanto o historiador era visto como uma testemunha daqueles acontecimentos.

Entre os povos gregos, os primeiros registros históricos tiveram origem em narrativas orais que contavam fatos sobre as frequentes guerras que ocorriam naquela época.

Heródoto, que viveu no século 5 a.C., é considerado um dos primeiros historiadores. Para escrever sua obra, ele pesquisou e analisou a vida e os costumes dos gregos e de outros povos.

Pratique e aprenda

1. Analise as imagens a seguir e suas legendas.

A

Foto que retrata a região central da cidade do Rio de Janeiro, por volta de 1890.

B

Foto que retrata a mesma região, no ano de 2016.

- Agora, responda.

a. O que essas duas fotos retratam?

_____

_____

b. Quanto tempo se passou entre a época de produção da imagem **A** e a da imagem **B**?

_____

_____

c. É possível identificar alguns elementos que se modificaram ou permaneceram? Quais?

_____

_____

_____

2. Explique o que são mudanças e permanências na história.

_____

_____

Os sujeitos históricos

Muitos hábitos e costumes cotidianos tendem a permanecer ao longo do tempo. No entanto, para que ocorram mudanças, é necessária a ação de pessoas.

Leia a história em quadrinhos a seguir, que mostra como a ação das pessoas pode transformar a realidade.

Um projeto para todos

Quadro 1: ... ENTÃO PESSOAL, ESPERO QUE TENHAM COMPREENDIDO COMO RECICLAR É IMPORTANTE!
NOSSA, QUE INTERESSANTE!
RECICLAGEM

Quadro 2: MÃE! HOJE APRENDI SOBRE RECICLAGEM NA AULA DE CIÊNCIAS. PODERÍAMOS SEPARAR O LIXO EM CASA...
QUE LEGAL, ADÍLSON! ME EXPLICA COMO FUNCIONA?
CLARO!

Quadro 3: EM CASA...
... RECICLÁVEL AQUI, ORGÂNICO ALI, CERTO?
ISSO MESMO!

Quadro 4: DURANTE A SEMANA...
... RECOLHEMOS OS RECICLÁVEIS TODA QUINTA!
OK, OBRIGADA!

Gustavo Machado

Na semana seguinte, Adílson contou sua experiência para Cleiton, seu amigo.

— Lá em casa, a separação do lixo está sendo um sucesso!

— Poxa, seria bom se todos fizessem isso...

— Ei! E se falássemos com a diretora para fazermos um projeto para divulgar essa ideia?

— Boa!

Na diretoria da escola...

— Que ideia ótima, meninos! Desenvolveremos um trabalho conjunto sobre a importância da separação do lixo e da reciclagem!

— Bom trabalho! Amanhã vamos divulgá-lo para a comunidade!

Como parte do projeto, alunos e professores se organizaram e saíram às ruas próximas à escola para conversar com os moradores sobre a importância da reciclagem. As ações de Adílson e seus colegas contribuíram para a conscientização de muitas pessoas do bairro onde ele estuda!

FIM.

A história em quadrinhos das páginas **12** e **13** mostrou como as ações de Adílson e dos outros personagens contribuíram para mudar a realidade do bairro onde ficava a escola. Esses personagens podem ser considerados **sujeitos históricos**.

Todos somos sujeitos históricos, pois tudo que fazemos (ou deixamos de fazer) interfere em nossa realidade, em nosso tempo, contribuindo para que ocorram mudanças e permanências.

Até algumas décadas atrás, entretanto, muitos historiadores pensavam que apenas as ações de pessoas consideradas "importantes", tais como presidentes, generais e reis, podiam determinar os rumos da história, atuando como sujeitos históricos.

Nas últimas décadas, porém, passou-se a reconhecer também como sujeito histórico toda pessoa que, **individual** ou **coletivamente**, participa do processo histórico.

Operários, de Tarsila do Amaral. Óleo sobre tela, 150 cm × 205 cm. 1933. Todas as pessoas são sujeitos históricos, pois, por meio de suas ações, participam do processo histórico. Pessoas consideradas "comuns", como as representadas na obra de arte acima, também são sujeitos históricos.

Aprenda mais!

O livro *Crianças do Brasil* reúne uma série de histórias sobre a infância de 27 sujeitos históricos de diferentes regiões do país. Essas pessoas, já adultas, contaram suas memórias sobre a infância. Depois, essas memórias foram recontadas pelo escritor José Santos e publicadas no livro.

Nele, você vai conhecer a história de uma criança que fazia bonecas de barro, de um menino que vivia na floresta, de uma menina que brincava com caranguejos, entre outras.

As histórias são acompanhadas por diversas ilustrações, mapas e informações complementares!

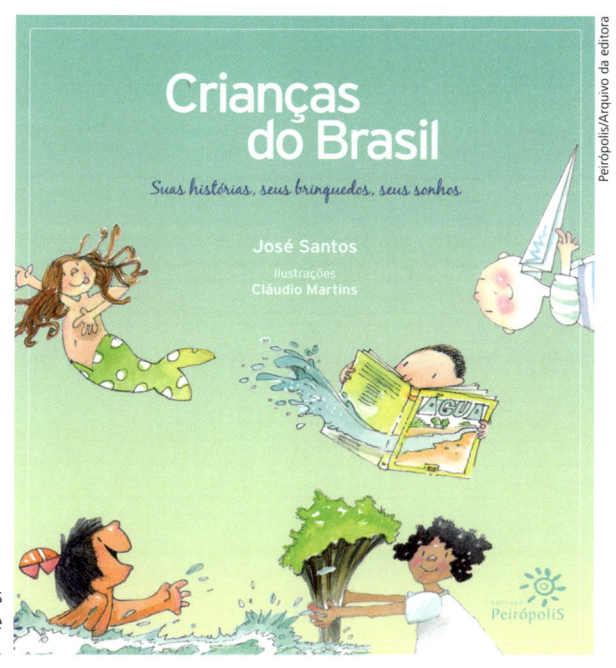

Crianças do Brasil: suas histórias, seus brinquedos, seus sonhos, de José Santos. São Paulo: Peirópolis, 2008.

A série de programas *Senha Verde*, disponível no *site* da *TV Brasil*, apresenta a relação entre crianças de diferentes países da América do Sul e o meio ambiente, demonstrando que essas crianças, assim como você, também são agentes transformadores da história.

Por meio de vídeos, as crianças contam os problemas ecológicos com os quais convivem e quais são as suas atitudes para ajudar a recuperar e a preservar a natureza. Visite o canal oficial da *TV Brasil* no *YouTube* e confira as ações dessas crianças.

<https://www.youtube.com/playlist?list=PLE431D7303AC0A5C5>.
Acesso em: 19 set. 2017.

Pratique e aprenda

1. Sobre a história em quadrinhos das páginas **12** e **13**, responda:

   a. Quais atitudes de Adílson e seu amigo contribuíram para mudar o dia a dia de sua família e o do bairro onde ele estuda?

   _____
   _____
   _____
   _____

   b. Você considera importantes as atitudes dos personagens como sujeitos históricos? Por quê?

   _____
   _____
   _____
   _____

   c. Você já praticou alguma atitude semelhante à de Adílson e de seu amigo? Conte aos colegas.

2. Observe novamente a pintura de Tarsila do Amaral, apresentada na página **14**, e responda às questões.

   a. O que essa pintura representa?

   _____

   b. Pessoas como as representadas na pintura podem ser consideradas sujeitos históricos? Por quê?

   _____
   _____
   _____
   _____

3. Leia os dois textos a seguir e, depois, responda às questões.

A São considerados sujeitos históricos todas as pessoas ou grupos de pessoas que podem transformar a realidade em que vivem e a dos outros. Dessa forma, podemos considerar sujeitos históricos os trabalhadores do campo e da cidade e as crianças, por exemplo.

B Os sujeitos históricos são aqueles que individualmente desempenharam importante papel no rumo da História, por meio de ações consideradas heroicas, como reis, rainhas, políticos e rebeldes.

Ilustrações: Waldomiro Neto

a. Escreva com suas palavras como o sujeito histórico é tratado no texto **A** e no texto **B**.

_____
_____
_____
_____

b. Com qual dessas definições de sujeito histórico você concorda? Por quê?

_____
_____
_____
_____

Dezessete **17**

Memória, lembranças

Visitar a casa onde já moramos, uma escola em que estudamos no passado, conversar com nossos amigos ou mesmo encontrar alguns objetos antigos nos traz recordações. Todos os dias acionamos nossos registros mentais, a memória, para lembrar de algo. Por meio da memória, podemos relembrar experiências passadas.

Leia a história de Murilo.

Memórias de infância

POXA! MAS ONDE SERÁ QUE ESTÁ AQUELE MARTELO?

NOSSA!

... MINHA ANTIGA CAIXA DE BRINQUEDOS!

... E ESSE É O...

MEGAZÓRQUI!!

... E ENTÃO, O ROBÔ MEGAZÓRQUI VOA PARA EXPLORAR O UNIVERSO!

COMO EU ME DIVERTIA COM ESSE BRINQUEDO! PENA QUE NÃO BRINCAMOS MAIS, NÉ, AMIGÃO?

MAIS TARDE, COM SEU SOBRINHO...

TADEU! QUE TAL UM NOVO COMPANHEIRO PARA SUAS AVENTURAS?

BRINQUEDOS

FIM.

Pratique e aprenda

1. Sobre os conteúdos das páginas **18** e **19**, responda:

a. O que fez Murilo se lembrar dos acontecimentos de sua infância?

_____
_____
_____

b. Descreva as memórias da infância de Murilo mostradas nessa história.

_____
_____
_____

c. O que ele fez com seus antigos brinquedos?

_____
_____
_____

d. Você já ganhou algum brinquedo que pertencia a um irmão mais velho, parente ou amigo da família? Como era esse brinquedo?

_____
_____
_____

e. Você se lembra de algum brinquedo com o qual costumava brincar e não brinca mais? O que aconteceu com ele?

_____
_____
_____
_____

2. Desenhe algum fato marcante que ficou guardado em sua memória.

- Agora, escreva um pequeno texto explicando essa lembrança.

_____
_____
_____
_____

3. Rafaela quis conhecer melhor a história de vida de seu avô Antônio. Veja a seguir algumas das memórias que ele contou para sua neta:

○

"Lembro-me bem do dia em que você nasceu, Rafaela. Fiquei muito feliz ao vê-la."

○

"Quando eu era criança, gostava de brincar com os brinquedos que meu avô fazia para mim."

○

"Em 1960, votei pela primeira vez para eleger o presidente do Brasil."

○

"Eu gostava muito da minha profissão de professor de Matemática."

- Agora, responda às questões a seguir.

  a. Ordene, utilizando os números de 1 a 4, os acontecimentos lembrados por Antônio conforme eles ocorreram na vida dele.

  b. Após conversar com o avô, quais informações sobre a história da vida dele Rafaela passou a conhecer?

  _____

  _____

As fontes históricas

Nas páginas **18** e **19**, ao manusear alguns objetos pessoais, o personagem Murilo começou a se lembrar de fatos que ocorreram em sua vida no passado. Assim, podemos considerar esses objetos como **fontes históricas**.

São considerados fontes históricas todos os recursos produzidos e utilizados pelos seres humanos que podem fornecer informações sobre o passado.

Fontes escritas, como diários, obras literárias, revistas, jornais, cartas e documentos pessoais, podem fornecer muitas informações sobre acontecimentos e pessoas.

Pinturas, fotos, ilustrações, charges, caricaturas, assim como outros tipos de imagens, podem revelar muitas informações sobre a época em que foram produzidas.

Objetos como roupas, acessórios, ferramentas de trabalho, móveis, brinquedos, materiais escolares ou utensílios domésticos são também fontes históricas para o estudo do cotidiano das pessoas no passado.

Observe outros exemplos de fontes históricas a seguir.

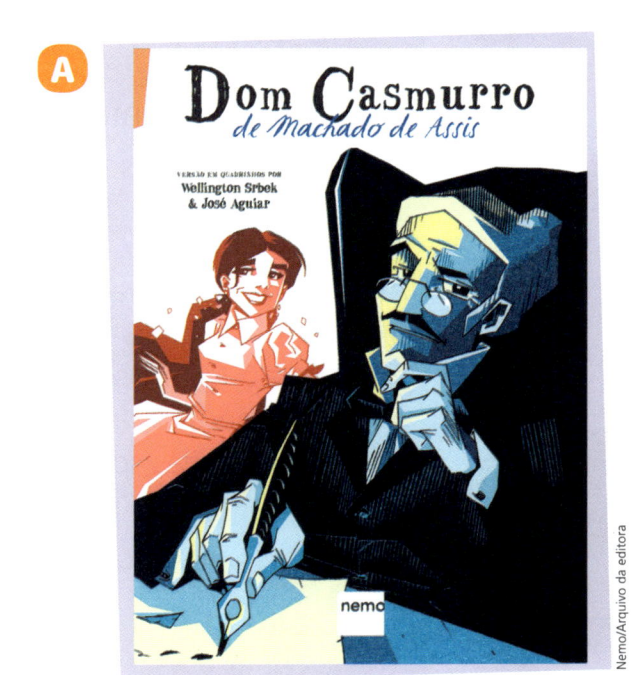

Na imagem **A**, capa do livro *Dom Casmurro*, de Machado de Assis (1839-1908), obra literária de 1899 e publicada ainda nos dias atuais, como essa edição de 2013.
Na imagem **B**, caderno de notas feitas pelo naturalista inglês Alfred Russel Wallace (1823-1913), durante uma viagem realizada entre 1855 e 1858.

C

Angelo Agostini. Fac-símile: ID/BR

D

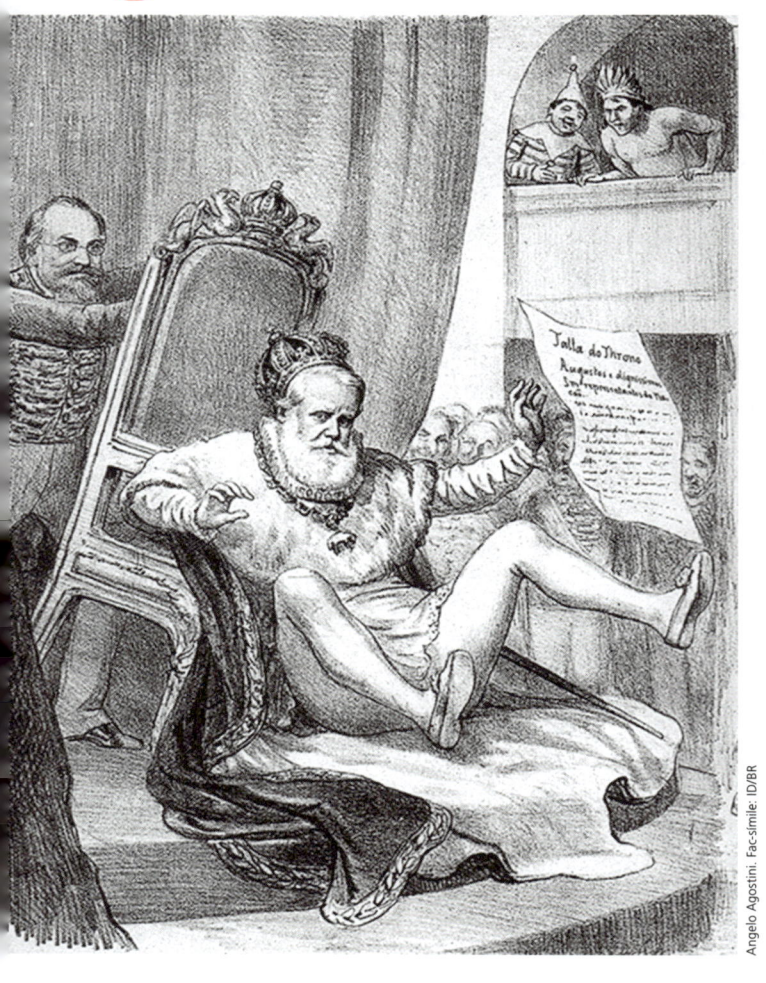

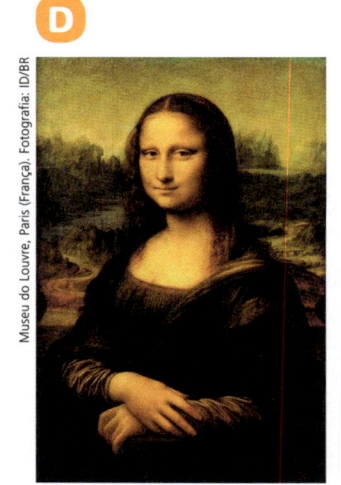

Museu do Louvre, Paris (França). Fotografia: ID/BR

Na imagem **C**, charge feita pelo cartunista Angelo Agostini (1843-1910), publicada na *Revista Illustrada*, em 1882. Na imagem **D**, a famosa obra de arte *Mona Lisa*, produzida pelo italiano Leonardo da Vinci (1452-1519), por volta de 1504. Óleo sobre madeira, 77 cm x 53 cm.

E

Lucie Lang/Shutterstock.com/ID/BR

F

Yaroslaff/Shutterstock.com/ID/BR

Na imagem **E**, um lampião antigo alimentado por querosene. Na imagem **F**, uma moeda de cem réis, de 1885.

Por meio da análise de diversas fontes, o historiador interpreta as informações que elas podem fornecer e constrói um determinado conhecimento sobre o passado.

Bob Daemmrich/Alamy/Fotoarena

A coleta de depoimentos e entrevistas com as pessoas são recursos muito utilizados para obter informações sobre o passado.

A foto ao lado retrata um pesquisador coletando um relato de um casal idoso, em 2009.

O conhecimento histórico

Não existem maneiras de mudar o que aconteceu. Um acontecimento do passado, ou **fato histórico**, ocorreu e não pode ser alterado. No entanto, é possível que haja diferentes interpretações de um mesmo fato histórico.

Dependendo da maneira como cada historiador analisa as fontes históricas, ele pode interpretar e chegar a uma determinada conclusão.

É dessa maneira que o conhecimento histórico, ou seja, o conhecimento sobre o passado, é construído: por meio de um trabalho crítico do historiador ao lidar com suas fontes.

Um exemplo de como um fato histórico pode ser interpretado de diversas maneiras é o tema da abolição da escravidão no Brasil. Por muito tempo, esse fato histórico, ocorrido em 1888, foi interpretado como um ato de boa vontade da família imperial (observe a imagem ao lado). Atualmente, entretanto, é reconhecido que a luta e a resistência dos escravos foram fundamentais para que ocorresse a abolição no país.

Acima, vemos o detalhe da capa de uma revista publicada em 1888, que representa a princesa Isabel como uma salvadora, sendo reverenciada pelos escravos libertos.

abolição: anulação, extinção, fim

Os museus

Os museus são instituições que se dedicam a preservar e a expor coleções de diversos tipos para fins de estudo, educação e lazer. São espaços onde o visitante pode observar, refletir e interagir com objetos de diferentes épocas e lugares. Visitar um museu pode ser muito interessante e divertido!

Existem diferentes tipos de museus, como os históricos, os de arte e os de ciências naturais. Cada um deles possui um acervo diferente, com características próprias.

Os museus históricos, por exemplo, possuem um acervo composto, em sua maioria, de objetos e documentos antigos que podem servir como fontes para estudos históricos.

Museu Histórico Padre Carlos Weiss, em Londrina, Paraná, 2014.

Leia a história a seguir e conheça uma das diferentes maneiras de se compor o acervo de um museu.

Vera descobriu que o museu da cidade onde mora está recebendo doações para ampliar o acervo e decidiu doar uma antiga câmera fotográfica que pertencia à sua família.

Ao fazer a doação, Vera forneceu algumas informações sobre a câmera. Depois, os funcionários do museu realizaram uma pesquisa para descobrir um pouco mais sobre o objeto doado.

Como estava desgastada, a câmera foi restaurada: ela recebeu uma limpeza, um tratamento contra ferrugem e uma pintura nova, semelhante à original.

A câmera ganhou um lugar seguro para ser exposta, onde é protegida de fatores que possam danificá-la, como a poeira e o excesso de calor ou umidade. Ao lado da câmera, foram apresentadas as informações sobre ela.

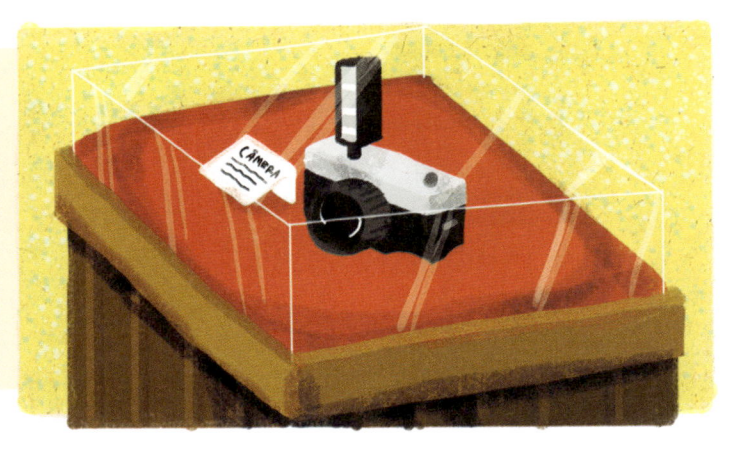

Depois de passar por todos esses procedimentos, a câmera tornou-se parte do acervo do museu, podendo ser vista por todas as pessoas que o visitarem.

Pratique e aprenda

1. Observe a seguir algumas das principais fontes históricas estudadas pelos historiadores. Depois, relacione cada uma delas à descrição correspondente.

A Jornais e revistas.

B Fotos.

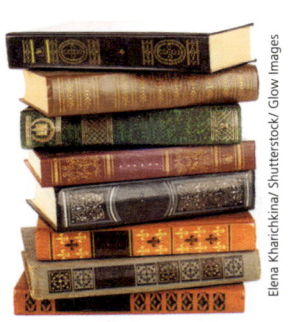

C Pinturas.

D Obras literárias.

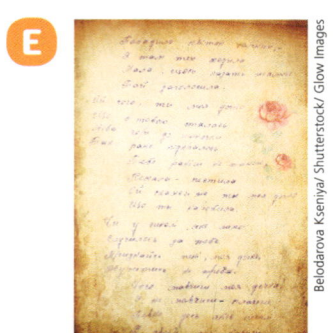

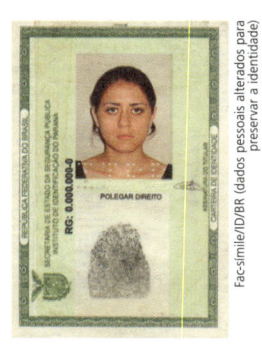

E Diários.

F Documentos pessoais.

○ Por meio desse tipo de obra de arte, o artista se expressa utilizando diferentes tipos de tintas e técnicas.

○ Por meio desse tipo de fonte, é possível obter muitas informações pessoais de quem o escreveu.

○ Esse tipo de imagem pode mostrar os elementos de uma forma muito próxima da realidade.

○ Esses meios de comunicação geralmente apresentam diversas notícias do cotidiano.

○ Essas fontes podem ser escritas em diferentes estilos e podem tratar de assuntos de ficção.

○ São documentos emitidos pelo governo ou instituições, como clubes e escolas, para identificar as pessoas.

2. Leia o texto a seguir e responda às questões.

Em 1750, o violinista belga Joseph Merlin quis chamar a atenção numa festa. Ele planejou entrar no salão de patins e tocando violino. Para isso, construiu os primeiros patins com rodas, inspirados nos modelos de gelo, que já existiam. O projeto só tinha um probleminha: não possuía freios. Assim que chegou à festa, ele deslizou sem conseguir parar e deu de cara em um espelho.

Brincadeiras cheias de histórias. Revista *Recreio*. São Paulo: Caras, ano 2, n. 100, 7 fev. 2002. p. 17.

Retrato de Joseph Merlin (1735-1803), de Thomas Gainsborough. Óleo sobre tela. 1782.

a. Qual é o fato histórico apresentado no texto?

_____

_____

b. Em que ano e por quem foi produzida a invenção citada no texto?

_____

_____

c. Qual é a principal diferença entre os modelos atuais e o que foi apresentado no texto?

_____

_____

d. Em sua opinião, essa invenção foi inovadora? Por quê?

_____

_____

_____

_____

Por dentro do tema

Ciência e tecnologia

Correios

Nas páginas **26** e **27**, você acompanhou a história de Vera, que doou uma antiga câmera fotográfica ao museu da cidade. Provavelmente, Vera utiliza outros meios para registrar suas fotos. Isso porque as câmeras fotográficas, assim como outros objetos do nosso dia a dia, passaram por diversas transformações tecnológicas. Leia o texto a seguir, que aborda a tecnologia e a comunicação.

Basta olhar com um pouquinho de atenção para o mundo à nossa volta e fica fácil perceber: as tecnologias de comunicação estão cada vez mais presentes em nossas vidas. Telefones celulares com mil e uma funções, internet rápida, *tablets*, conexão sem fio... Enviar e receber informações é o que está por trás de todas essas invenções.

Cerca de 400 anos atrás, para uma mensagem sair de um lugar e chegar a outro, ela precisava ser escrita em um papel, que era transportado por um mensageiro do lugar onde a coisa aconteceu até o lugar onde estava a pessoa que seria informada sobre aquilo.

Uma das maiores invenções humanas, o sistema de correios — surgido na Inglaterra no final do século 17 — permitiu dividir os custos de todas mensagens trocadas, pois o mesmo mensageiro podia entregar vários bilhetes. Isso barateou e simplificou bastante o processo de enviar e receber mensagens — que passamos a chamar de cartas. [...]

Muito antes do celular, de Beto Pimentel. *Ciência Hoje das Crianças*, Rio de Janeiro, Instituto Ciência Hoje, 23 ago. 2013. Disponível em: <http://chc.org.br/muito-antes-do-celular/>. Acesso em: 13 set. 2017.

a. Cite algumas tecnologias de comunicação da atualidade.

b. Em sua opinião, as transformações tecnológicas causam impacto no cotidiano das pessoas? Justifique.

Aprenda mais!

Nesse livro, você vai conhecer um pouco mais sobre museus e sua diversidade. Nele, há fotos dos mais variados museus do Brasil e do mundo e informações sobre como um museu é organizado, quais as funções de seus funcionários, como são feitas as visitas, além de muitas curiosidades!

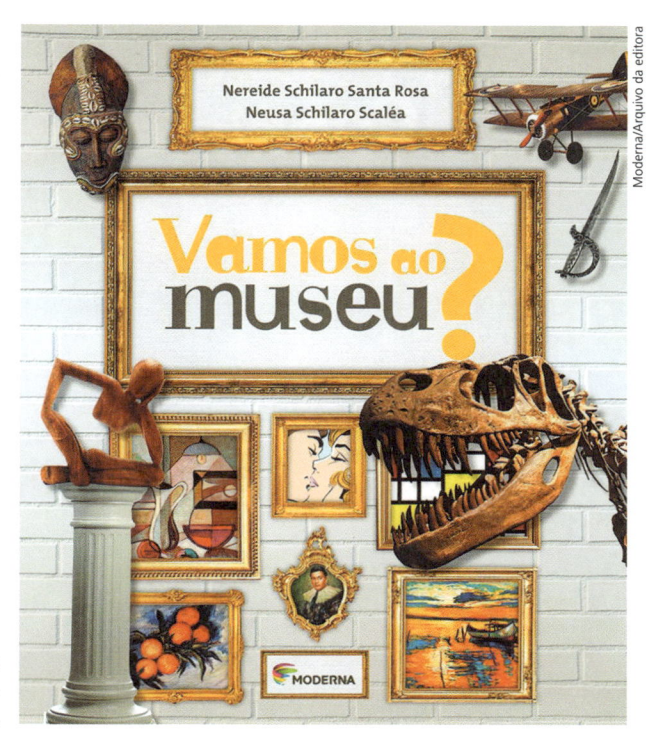

Vamos ao museu?, de Nereide Schilaro Santa Rosa e Neusa Schilaro Scaléa. São Paulo: Moderna, 2013.

Ponto de chegada

1. Retome as páginas de abertura desta unidade e reflita sobre o título dela. Por que podemos dizer que a História está em construção? Você concorda com essa afirmação? Exponha sua opinião para os colegas.

2. Retome a questão **1** da página **7**. Você a responderia da mesma maneira? Por quê? Se a sua resposta for diferente, explique o que fez com que você mudasse de opinião.

3. Retome a questão **2** da página **21**. O que fez com que você se lembrasse desse fato? Você acha que a memória é um recurso importante para conhecermos o passado? Por quê?

4. Imagine que você deve fazer uma pesquisa para saber mais sobre a história de uma avó que não conheceu. Cite três fontes que poderiam ser usadas nessa tarefa.

unidade 2
Conhecer o outro

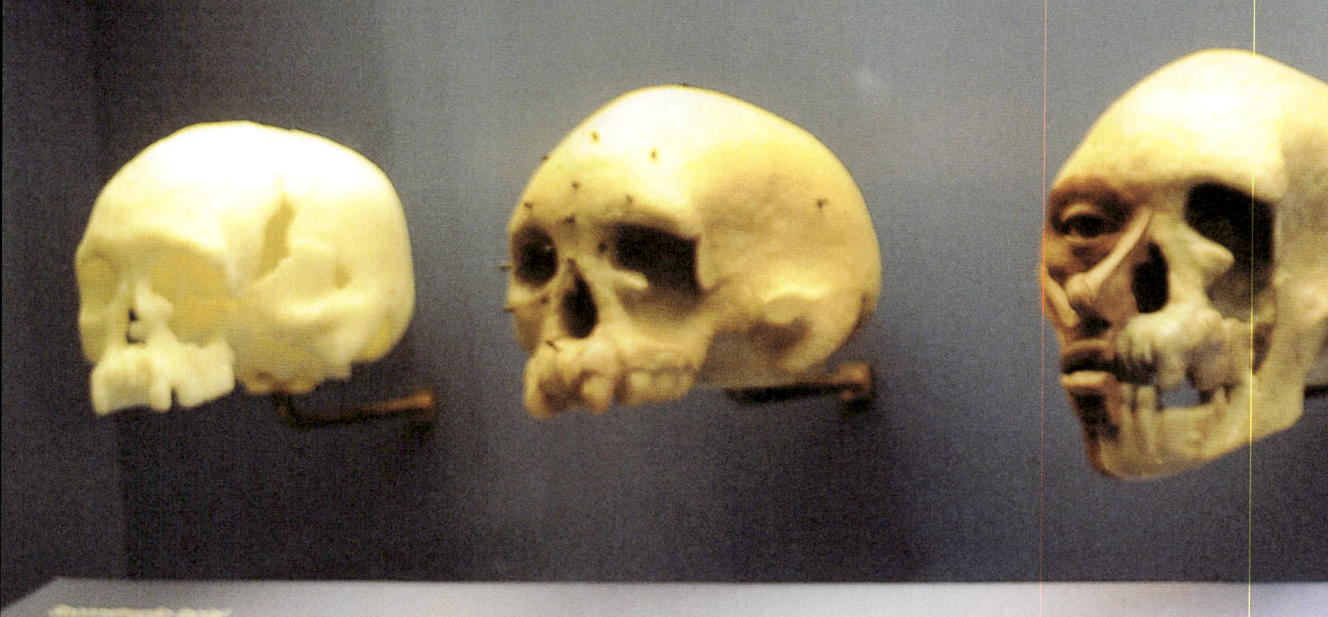

Ponto de partida
1. Analisando a foto, podemos conhecer alguns aspectos sobre povos que viveram em épocas e locais diferentes. Quais aspectos são esses?
2. Você considera importante conhecer outras sociedades, de outras épocas? Por quê?

Reconstituição do rosto de Luzia feita com base em um crânio de cerca de 11 mil anos, encontrado no estado de Minas Gerais. Essa reconstituição foi realizada por especialistas no ano de 1999 e faz parte do acervo do Museu Nacional da Universidade Federal do Rio de Janeiro, na cidade do Rio de Janeiro. Foto de 2009.

A história dos seres humanos

Como podemos conhecer a história dos primeiros grupos humanos? Como vimos na unidade anterior, a história é construída a partir de fontes, ou seja, vestígios do passado que chegaram até nós.

Mas como podemos ter acesso a fontes de povos que viveram há milhares de anos? Para auxiliar nessa difícil tarefa, existe a Arqueologia. Essa ciência estuda o modo de vida dos povos antigos a partir de vestígios materiais. Observe a seguir um exemplo de como funciona o trabalho de um arqueólogo.

Escavação arqueológica no Sítio Bonin, Urubici, Santa Catarina, 2016.

A área estudada pelos arqueólogos é chamada sítio arqueológico. Normalmente, esse local é demarcado para que a pesquisa não seja comprometida.

O processo de escavação deve ser feito com muito cuidado e atenção. Caso isso não aconteça, o material pode ser danificado e as pesquisas se tornam imprecisas.

Um sítio arqueológico pode conter diversas camadas, o que indica ocupações de povos em diferentes períodos. As camadas mais profundas costumam ter os objetos dos povos mais antigos.

Quando encontrados, os vestígios devem ser catalogados e higienizados. Depois, eles passam por análise e comparação com outros documentos para que possam ser interpretados de forma adequada.

Escavação arqueológica no Sítio Vila Nova de Teotônio, Porto Velho, Rondônia, 2016.

Os primeiros grupos humanos

Muitas pesquisas arqueológicas buscam analisar os vestígios deixados pelos primeiros grupos humanos. De acordo com esses estudos, nossos primeiros ancestrais têm origem na África. Ao longo de milhares de anos, eles se desenvolveram e se adaptaram aos diversos ambientes, passando a produzir instrumentos cada vez mais elaborados.

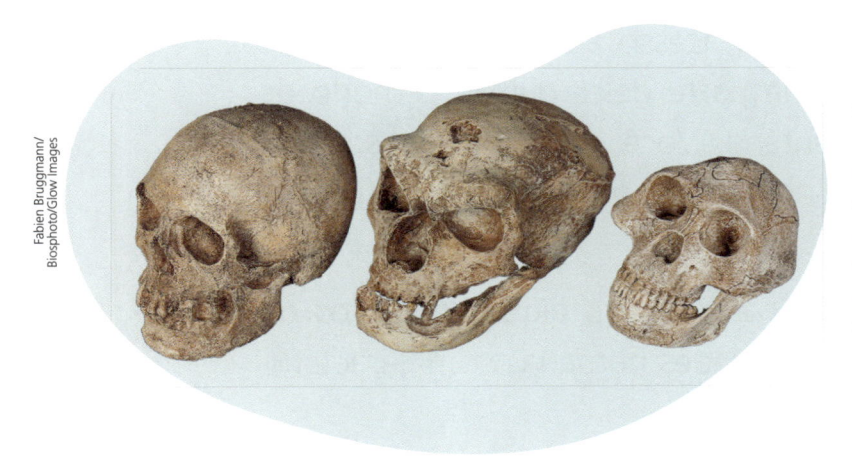

Os vestígios arqueológicos podem indicar diversos aspectos sobre os primeiros seres humanos, como a época em que eles viviam, de que maneira se alimentavam e como era sua estrutura corporal. Ao lado, foto de crânios de alguns dos primeiros grupos humanos.

Vamos conhecer como era o modo de vida dessas populações?

O modo de vida nômade

Os primeiros grupos humanos não viviam em habitações fixas, pois eles tinham que se deslocar constantemente para buscar alimentos. Chamamos esses grupos que se mudavam com frequência de povos **nômades**.

O modo de vida dos povos nômades era baseado principalmente nas atividades de caça e coleta.

Pintura rupestre de cerca de 8 500 anos atrás, representando grupos humanos praticando a caça, na Líbia.

A sedentarização

Há cerca de 12 mil anos, algumas comunidades humanas perceberam como surgiam novas plantas e começaram a desenvolver técnicas agrícolas, como o plantio de sementes. Isso transformou profundamente o modo de vida de nossos ancestrais.

Ao cultivar plantações, esses povos não precisavam mais se mudar com frequência, pois tinham acesso aos alimentos cultivados. Assim, com o tempo, grande parte deles deixou o modo de vida nômade e tornou-se sedentária. Você sabe o que isso quer dizer? Um grupo sedentário é aquele que vive de forma fixa em determinado lugar.

Observe a ilustração a seguir e conheça alguns aspectos do modo de vida das primeiras comunidades humanas com característica sedentária.

O modo de vida sedentário contribuiu para a formação de aldeias, que, com o tempo, desenvolveram-se e deram origem às primeiras cidades.

A vida em comunidade levou muitas pessoas a se especializarem em determinadas atividades, como a construção de moradias e a prática do artesanato. Esse processo foi chamado de especialização do trabalho.

O povoamento do continente americano

Após terem se desenvolvido na África, ao longo de milhares de anos, os grupos humanos passaram a ocupar outras regiões do planeta. Primeiramente, se deslocaram para lugares localizados atualmente na Europa, na Ásia e na Oceania. Depois, se dirigiram ao continente que hoje conhecemos como América.

Diversos estudiosos elaboraram hipóteses para explicar o povoamento do continente americano. Vamos conhecer algumas delas? Observe o mapa abaixo e leia as legendas.

hipóteses: possibilidades elaboradas com base em pesquisas, mas que ainda não têm comprovação científica

➡ Uma das explicações mais aceitas afirma que os primeiros habitantes da América vieram da Ásia e se deslocaram até a América do Norte. Esse caminho teria sido facilitado, na época, por uma ponte de gelo formada na região que liga os dois continentes.

➡ Outro estudo defende que os primeiros povoadores, utilizando pequenas embarcações, teriam se deslocado da Ásia para a América passando por ilhas do oceano Pacífico.

➡ Há também a hipótese que afirma que os grupos humanos teriam navegado pelo oceano Atlântico, cruzando da Europa para a América do Norte em pequenas embarcações.

➡ Outra explicação para a chegada desses grupos à América seria a navegação da costa da Ásia até a América do Norte e, depois, em direção ao Sul pela costa do continente.

O povoamento da América

----- Limite litorâneo há 12 mil anos

Fonte: Michel Parfit. O enigma dos primeiros ancestrais. *National Geographic*. São Paulo: Abril, ano 1, n. 8, nov. 2000. p. 82-83.

Muitos estudiosos consideram mais de uma hipótese verdadeira, concluindo que diferentes povos, em momentos distintos, povoaram a América. Porém as pesquisas sobre esse tema ainda estão em construção. Assim, novos vestígios encontrados podem levar os estudiosos a formular novas hipóteses sobre o povoamento da América.

> NÃO SE SABE AO CERTO QUANDO A AMÉRICA FOI POVOADA. DE ACORDO COM DIFERENTES PESQUISAS, ESSAS DATAS PODEM VARIAR ENTRE 11 MIL E 50 MIL ANOS ATRÁS!

- Por que existem diversas hipóteses para explicar o povoamento da América? Converse com os colegas.

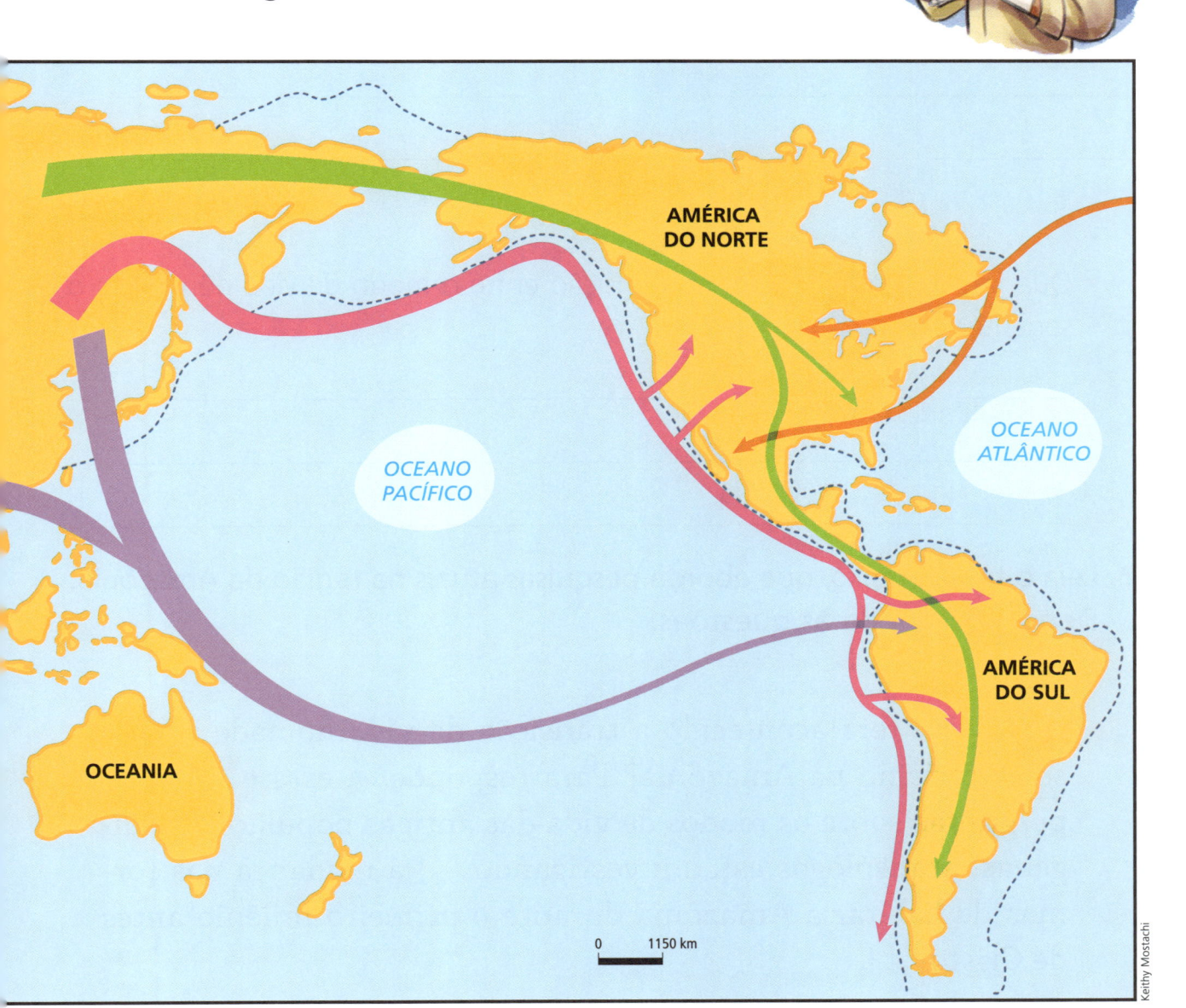

Pratique e aprenda

1. Sobre nossos antigos ancestrais, escreva nos quadros a seguir como era o modo de vida nômade e o modo de vida sedentário.

Modo de vida nômade	Modo de vida sedentário
_____	_____
_____	_____
_____	_____
_____	_____

- Que fatores influenciaram na transição entre o modo de vida nômade e o sedentário?

_____
_____
_____

2. Leia o texto abaixo, que aborda pesquisas atuais na região da Amazônia. Depois, responda às questões.

> Como terá acontecido a transição da vida nômade para o sedentarismo na Amazônia? Para responder a esta e a outras perguntas sobre os modos de vida das antigas populações indígenas, arqueólogos estão investigando [...] a mudança nas formas de habitar a Amazônia durante o primeiro milênio antes de Cristo. [...]

Uma informação que os arqueólogos já possuem sobre essas sociedades indígenas é o conhecimento da utilização intensiva de recursos naturais vegetais, como as castanheiras. [...] Em estudos anteriores sobre este período, já foram encontradas grandes quantidades de castanhas em sítios arqueológicos. Esta informação pode demonstrar, por exemplo, que as populações dessas aldeias indígenas utilizavam [...] uma série de espécies, já que, além das castanhas, as palmeiras também têm grande frequência nos vestígios encontrados.

Arqueólogos estudam a transição da vida nômade para o sedentarismo, de Amanda Lelis. *Jornal da USP*, São Paulo, Universidade de São Paulo, 25 maio 2017. Disponível em: <http://jornal.usp.br/ciencias/ciencias-exatas-e-da-terra/arqueologos-estudam-a-transicao-da-vida-nomade-para-o-sedentarismo/>. Acesso em: 14 set. 2017.

a. Qual é o objetivo desses estudos na Amazônia? O que está sendo pesquisado pelos arqueólogos?

b. Qual informação eles já possuem? Como eles chegaram até ela?

c. Você considera esses estudos arqueológicos importantes? Por quê?

Os primeiros habitantes do território brasileiro

Ao povoarem o continente americano, alguns grupos humanos se estabeleceram em regiões onde hoje é o território brasileiro. Esses povos eram bastante variados e cada um deles tinha seu próprio modo de vida.

Os grupos caçadores e coletores

Os primeiros grupos que se estabeleceram no território brasileiro viviam como caçadores e coletores. Eles caçavam animais de pequeno porte, como pacas e porcos-do-mato, e coletavam frutos e raízes.

Essas populações viviam próximas aos morros e utilizavam as formações rochosas para se abrigar. Muitas delas já conheciam técnicas de produção de machados e outros instrumentos feitos com rochas.

O povo que vivia na região de Lagoa Santa, Minas Gerais, conviveu com os animais de grande porte que faziam parte da megafauna brasileira. Gravura de Heinrich Harder, produzida em 1916, representando caçadores observando um gliptodonte.

Além disso, os povos caçadores e coletores costumavam fazer pinturas nas paredes rochosas dos locais onde viviam.

Atualmente, em diversos sítios arqueológicos brasileiros, podemos encontrar essas pinturas rupestres e compreender mais detalhes sobre as culturas desses povos.

Conhecidos como povo de Umbu, ou povo da flecha, alguns grupos nômades caçavam animais menores utilizando flechas e anzóis feitos de ossos. Ao lado, foto de ponta de flecha de tradição Umbu localizada no Museu Arqueológico de Sambaqui, Joinville, Santa Catarina.

Os povos dos sambaquis

Muitos grupos se estabeleceram em locais próximos ao litoral no Sul e Sudeste do atual território brasileiro. Esses povos viveram há cerca de 9 mil anos e praticavam a pesca e a coleta de moluscos, raízes, frutas e sementes.

Essa população deixou vestígios como os sambaquis. Os sambaquis são grandes depósitos formados por diversos materiais, como conchas, mariscos, resquícios de outros animais e instrumentos feitos com rochas. Com o tempo, esses materiais acumulados formaram grandes elevações no solo nas regiões litorâneas, como mostra a foto.

Foto de sambaqui localizado em Jaguaruna, Santa Catarina, 2015.

Povos agricultores e ceramistas

No início do século 19, pesquisadores encontraram às margens de rios da floresta Amazônica diversos vestígios arqueológicos, como artefatos de cerâmica. Estudos recentes demonstraram que muitos desses objetos foram produzidos há mais de 4 mil anos!

Outra descoberta sobre esses povos é que eles eram agricultores e sedentários. As cerâmicas eram produzidas com argila coletada nos rios da região. Eram feitos vasos e estatuetas, entre outros utensílios.

Artefato de cerâmica marajoara produzido por volta do ano 700. Acervo do Museu do Forte do Castelo, Belém, Pará, 2004.

Quando começa a história do Brasil?

Geralmente, quando começamos a estudar a história do Brasil, iniciamos a partir de uma data muito específica: dia 22 de abril de 1500. Mas, afinal, o que essa data tem de tão especial?

Essa data marca o encontro entre pessoas de culturas diferentes, que até então não se conheciam: os nativos, chamados de indígenas, e os europeus.

Veja como o fato histórico da chegada dos portugueses foi representado em uma pintura do século 20.

Desembarque de Pedro Álvares Cabral em Porto Seguro, 1500, de Oscar Pereira da Silva. Óleo sobre tela, 190 cm x 330 cm. 1922.

1. Quem são os personagens que aparecem na imagem? Descreva como eles foram representados.

Assim, como vimos, o território que hoje é conhecido como Brasil já era habitado, havia muito tempo, por diversos povos indígenas. Cada um deles tinha sua cultura, seus costumes, sua história.

A diversidade de povos indígenas

Quando os portugueses desembarcaram no Brasil, o território abrigava uma grande diversidade de povos. Calcula-se que aqui viviam entre 2 e 4 milhões de indígenas, organizados em mais de mil povos diferentes.

Observe as imagens a seguir. Elas representam a visão dos europeus sobre alguns povos que habitavam o Brasil.

Chefe Bororo, de François Louis de Castelnau. Cromolitografia. Século 19.

Índia Camacã Mongoió, de Jean-Baptiste Debret. Litografia aquarelada. Século 19.

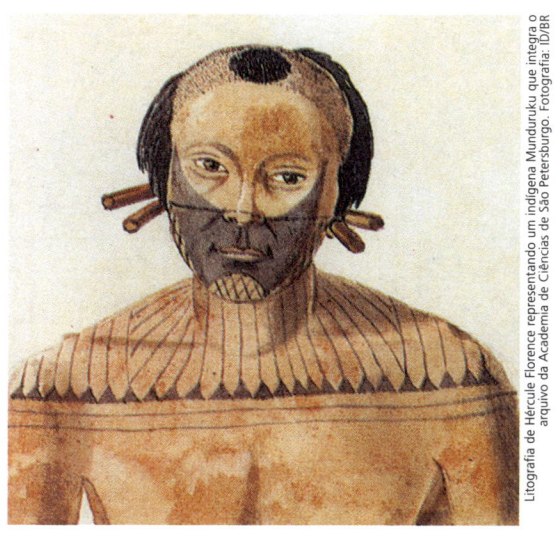

Índio Munduruku, de Hércule Florence. Aquarela e nanquim. 1825.

Mawé com coifa, de Spix e Martiu. Gravura. Século 19.

2. Descreva cada uma das pessoas representadas nas imagens. O que elas têm em comum? Existem diferenças entre elas? Quais?

Ao desembarcar no litoral do Brasil, os portugueses entraram em contato, primeiramente, com povos que falavam a língua tupi, como os Tupiniquim e os Tupinambá. Além deles, outros povos viviam no litoral, como os Tremembé, os Caeté, os Potiguar, os Guarani e os Bororo.

Além das características observadas nas imagens da página 45, como os adornos e as pinturas corporais, havia outras diferenças culturais entre os povos nativos. As diferenças estavam, por exemplo, na **língua** que cada povo falava. Observe.

Diferenças entre palavras de origem portuguesa e indígena			
Português	**Karajá**	**Karitiana**	**Kuikuro**
água	*béé*	*ese*	*tunga*
animal	*iródu*	*Kinda*	*ngene*
terra	*suu*	*Eje'i*	*ngongo*
sol	*tscuu*	*gokyp*	*giti*

Coisas de índio: versão infantil, de Daniel Munduruku. São Paulo: Callis, 2003. p. 45.

Outra diferença está relacionada à organização e à construção das **moradias**.

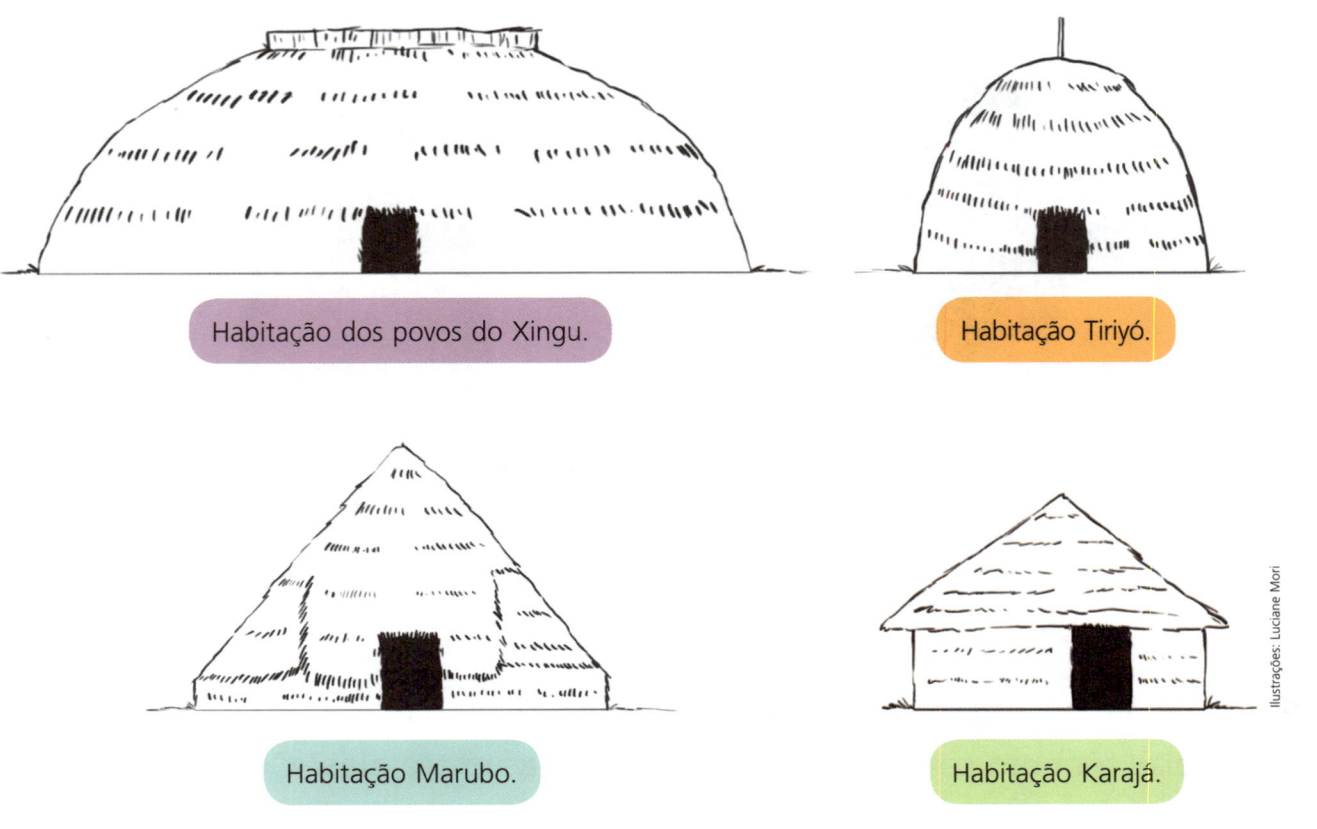

Habitação dos povos do Xingu.

Habitação Tiriyó.

Habitação Marubo.

Habitação Karajá.

Pratique e aprenda

1. Até a atualidade, a produção artística e a valorização da beleza estão presentes no cotidiano de diversos povos indígenas que vivem no Brasil. O texto a seguir aborda como alguns desses povos utilizam as pinturas corporais e outros tipos de adornos.

> A primeira tarefa diária da família é tomar banho no rio. Com argila, retira-se a pintura do dia anterior. À mãe compete refazer a pintura de seus parentes, conforme o plano do dia. Em dias comuns as imagens são bem simples, nas festas, nos combates, nos rituais e nas caças, bastante **rebuscadas**. Tanto quanto entender a fala, saber ler essas pinturas é essencial no relacionamento com os outros.
>
> [...] A preparação se completa com cocares cheios de penas, dentes, ossos e sementes, colares, pulseiras e brincos. [...]
>
> *Índio*: recontando a nossa história, de Nancy Caruso Ventura. São Paulo: Noovha América, 2004. p. 39.

Tucháua chefe Munduruku em traje de festa, de Hércule Florence. Aquarela, 25 cm x 36 cm. 1828.

rebuscadas: bastante aprimoradas, complexas

- Realize as atividades a seguir com base no texto e na imagem.

a. A pintura corporal é um hábito diário. Como ela pode ser renovada diariamente?

_____
_____
_____
_____

b. Além das pinturas corporais, que outros ornamentos são utilizados pelos indígenas?

_____

_____

_____

c. Quando as pinturas corporais costumam ser mais complexas? Marque um **X** na alternativa correta.

◯ Nos dias comuns.

◯ Nos dias em que há festas, combates, rituais ou caça.

◯ Nos dias de chuva.

d. Complete o texto utilizando as palavras abaixo.

> identidade ▪ indígenas ▪ ocasião ▪ pinturas

As _____ corporais são usadas em diferentes momentos no cotidiano dos povos _____. Elas podem ser mais simples ou rebuscadas, dependendo da _____. Elas são importantes na cultura e para a _____ desses povos.

e. Em sua opinião, todos os povos indígenas utilizam os mesmos tipos de pinturas corporais e adornos? Por quê?

_____

_____

_____

_____

O cotidiano indígena no passado

Além da grande diversidade, havia muitas características em comum entre os povos indígenas que viviam no Brasil. As imagens a seguir representam alguns aspectos do dia a dia desses povos. Observe-as.

Os habitantes de uma aldeia exerciam diversas atividades em benefício da comunidade. Geralmente, os homens eram responsáveis pela caça e pela pesca, além da construção de moradias, armas e ferramentas. Eram também os responsáveis por proteger a aldeia em casos de ataques.

Em muitas comunidades, as mulheres dedicavam-se ao cuidado dos filhos e também exerciam atividades ligadas à agricultura, como o plantio e a colheita. Eram também responsáveis pelo preparo dos alimentos e pela fabricação de utensílios de palha ou de cerâmica.

Para a construção das moradias, era comum a utilização de materiais retirados da natureza, como barro, galhos de árvores, folhagens e palha.

Alguns povos construíam moradias para abrigar uma família, outros construíam habitações bem maiores, que abrigavam várias famílias.

Ilustrações: Gustavo Machado

Quando alguma pessoa da aldeia ficava doente, os indígenas acreditavam que era por causa da ação de um mau espírito sobre seu corpo. Nesses casos, o pajé exercia um importante papel. Era ele quem, por meio de diferentes rituais, entrava em contato com espíritos bons e protetores para combater as doenças e os maus espíritos. O pajé também conhecia ervas que podiam ser utilizadas no tratamento de diversas doenças.

A canjica, feita de milho; o beiju, feito de mandioca; as frutas e a carne de caça ou de pesca eram alguns dos alimentos consumidos pelos indígenas.

A música e a dança faziam parte do cotidiano de diversos povos indígenas. Por meio delas, esses povos acreditavam que podiam se comunicar com os espíritos da natureza.

Ilustrações: Gustavo Machado

1. Há elementos da cultura dos povos representados nas imagens das páginas **49** e **50** que fazem parte do seu dia a dia? Quais?

2. De que maneiras podemos perceber a importância da natureza na vida dos indígenas nos exemplos estudados?

A relação com a natureza

Vários aspectos do cotidiano indígena estavam ligados à natureza. A relação entre o ser humano e a natureza era bastante respeitosa, pois era dela que retiravam os recursos necessários para a sua sobrevivência. Esse respeito à natureza permanece até os dias atuais. Leia o texto.

> Os povos indígenas têm um profundo respeito pela terra. Eles a consideram como a "grande mãe" que os alimenta e dá vida, porque é dela que tiram todas as coisas que precisam para a sua sobrevivência física e cultural. Para eles, a terra não é apenas vista como um bem a ser explorado e depredado, mas algo vivo, possuidor de um espírito protetor, um guardião. Além disso, os nativos guardam um profundo respeito pela terra por ela ser a morada dos mortos e de todos os espíritos ancestrais que equilibram o universo. [...]

Coisas de índio, de Daniel Munduruku. São Paulo: Callis, 2000. p. 86.

Homem indígena da etnia Yanomami coletando açaí, em Santa Isabel do Rio Negro, Amazonas, em 2011.

Indígenas Kaiapó tomando banho de rio em São Félix do Xingu, Pará, 2016.

Pratique e aprenda

1. Com base no texto da página **51**, que trata da relação dos povos indígenas com a natureza, responda às questões.

a. Explique por que os povos indígenas consideram a terra como a "grande mãe".

_____
_____
_____
_____

b. Além de garantir sua sobrevivência, qual é a importância da terra para os povos indígenas?

_____
_____
_____
_____

c. Em sua opinião, qual a importância da natureza na vida das pessoas? Converse com os colegas.

2. Escreva um texto que contenha as palavras apresentadas no quadro abaixo. Não se esqueça de criar um título para seu texto.

> moradias   colheita   natureza
> ferramentas   homens
> caça
> mulheres   alimentos

_____

_____
_____
_____
_____
_____
_____

3. Agora, faça um desenho para ilustrar o seu texto.

4. Relacione cada tipo de moradia indígena à sua respectiva descrição.

A

○ As habitações do povo Tukano são feitas com madeira e cobertas com folhas de palmeira. A moradia tem duas portas, sendo uma na frente e a outra nos fundos. Seus moradores costumam ornamentar sua fachada com vários desenhos.

B

○ As habitações do povo Xavante têm formato arredondado e são cobertas com palha. Elas possuem uma única porta de acesso, que é sempre voltada para o centro da aldeia.

C

○ As habitações dos povos indígenas do Xingu são feitas de madeira e revestidas de sapé. São grandes, com formato alongado e as extremidades arredondadas. Há apenas uma porta, situada na parte central da casa e voltada para o centro da aldeia.

Por dentro do tema

Vida familiar e social

Aprender com as pessoas mais velhas

Entre os indígenas, a transmissão e a preservação do conhecimento de um povo ocorria por meio de histórias e lendas, passadas de geração para geração entre as famílias e demais membros da comunidade. Assim, eram transmitidos ensinamentos, princípios éticos e morais, além de atitudes consideradas importantes para a vida em sociedade.

As pessoas mais velhas da aldeia contavam as histórias para os jovens e as crianças. Os idosos eram muito respeitados pela sabedoria e experiência acumuladas ao longo da vida.

Ilustrações: Isabela Santos

As lendas do Boitatá e do Curupira, por exemplo, são de origem indígena. Os personagens dessas lendas geralmente estão relacionados a atitudes de coragem, astúcia e justiça. Além disso, essas lendas tratam da importância da conservação da natureza. Observe.

O Boitatá é uma cobra de fogo que desliza pelas matas, protegendo a natureza contra pessoas que provocam incêndios.

O Curupira é o protetor das matas e dos animais. Ele tem os pés voltados para trás e suas pegadas confundem os caçadores.

Atualmente, esses e outros personagens são conhecidos não somente entre os povos indígenas. Suas histórias são contadas por todo o Brasil e fazem parte do folclore brasileiro.

a. Você considera importantes esses ensinamentos transmitidos de geração para geração entre os povos indígenas? Justifique.

b. Escreva um ensinamento que você aprendeu com algum familiar e que considera importante para a sua vida em sociedade.

Navegar é preciso!

Diversos fatores levaram os portugueses a cruzar oceanos e a chegar até o atual território do Brasil, no século 15.

Por causa da localização geográfica de Portugal, o mar sempre fez parte do cotidiano dos portugueses. Atividades como a pesca e o comércio eram fundamentais em sua economia. No entanto, a maior parte do comércio era feita por meio de rotas terrestres com diversos povos da Europa e do Oriente.

Imagem do século 16 que representa um navegador português. Ele foi representado utilizando uma balestilha, instrumento que serve para medir a posição dos astros. Esse era um procedimento importante nas viagens marítimas.

Havia algumas rotas marítimas que eram curtas e bem conhecidas pelos viajantes. Os europeus não tinham muito conhecimento dos mares distantes de sua região, por isso, realizar viagens marítimas mais longas naquela época era uma grande aventura.

Mapa produzido no século 14 por Abraham Cresques. Nesse mapa foram representadas rotas marítimas na região do mar Mediterrâneo, por onde passavam muitos viajantes e comerciantes.

Novas rotas para o comércio

O povo português foi um dos primeiros da Europa a se aventurar nas grandes viagens marítimas, descobrindo novas rotas de comércio e conquistando terras distantes, antes desconhecidas pelos europeus. Isso só foi possível por causa do desenvolvimento do transporte marítimo e das técnicas de navegação.

A caravela foi uma das principais invenções que contribuíram para a realização de viagens marítimas a longas distâncias. Esse tipo de embarcação era resistente para enfrentar as correntes marítimas e as tempestades. Além disso, era mais leve e rápida que outras embarcações da época. Ao lado, gravura do século 16 que representa navegadores portugueses em uma caravela, utilizando instrumentos de navegação.

As riquezas do Oriente

Os produtos que geravam mais riquezas para os mercadores na época eram as especiarias, que eram trazidas do Oriente em grandes caravanas por comerciantes indianos e chineses. Mercadores turcos e italianos atuavam como intermediários comprando essas mercadorias e revendendo-as em toda a Europa. Desse modo, até chegarem a Portugal, elas atingiam preços muito altos.

- Você conhece os produtos apresentados nas imagens ao lado? Alguma dessas especiarias é utilizada no dia a dia em sua casa?

Exemplos de especiarias: anis, açafrão, pimenta-do-reino, canela e folhas de louro.

Pratique e aprenda

1. Além das caravelas, os instrumentos de navegação foram muito importantes nas viagens marítimas europeias dos séculos 15 e 16. Com eles, os viajantes podiam se orientar e chegar ao seu destino, apesar do medo que tinham dos mares desconhecidos. Veja alguns instrumentos utilizados na época e associe cada um deles à sua descrição correta.

A

Bússola.

○ Instrumento que foi essencial para a navegação, composto por uma agulha **magnetizada** colocada sobre uma rosa dos ventos, onde estão assinalados os pontos cardeais. A agulha sempre aponta para o norte, permitindo aos navegadores saber em que direção navegar.

B

Astrolábio.

○ Representação do mundo conhecido até então, ou de parte dele, com seus mares, oceanos e as terras conquistadas. Esse instrumento ajudava os navegadores a planejar suas viagens.

C

Mapa.

○ Instrumento usado para medir a altura das estrelas e dos planetas acima da linha do horizonte. Com esse instrumento, os viajantes podiam determinar a localização dos astros no céu e, dessa forma, traçar as rotas de viagem.

magnetizada: que é atraída por metais como o ferro, o aço e o bronze

2. Quais fatores possibilitaram ao povo português ser um dos primeiros povos da Europa a realizar viagens marítimas a longa distância?

_____

_____

_____

_____

3. Inicialmente, a expansão marítima portuguesa procurava novas rotas para o Oriente com o objetivo de buscar especiarias. Explique o que eram as especiarias e porque era importante para os portugueses encontrar uma rota alternativa para consegui-las.

_____

_____

_____

_____

_____

_____

4. Instrumentos de navegação como a bússola, o astrolábio e os mapas foram muito utilizados pelos navegadores europeus no período da expansão marítima. Você conhece algum instrumento ou sistema de localização atual? Cite um exemplo.

_____

_____

_____

_____

5. Leia o texto a seguir e, depois, responda às questões.

> A água que se juntava no interior das embarcações representava um problema sério para a higiene, favorecendo a proliferação de doenças.
>
> [...] Embora as embarcações deixassem os portos com grande provisão, a água, exposta ao calor, se tornava imprópria para consumo. [...]
>
> Assim como a água, a comida entrava também rapidamente em estado de decomposição. [...] Contudo, se a permanência no mar se prolongasse, a falta de comida para toda a tripulação tornava-se inevitável. [...]
>
> *Pensadores, exploradores e mercadores*, de Janice Theodoro. São Paulo: Scipione, 1994. p. 52 (Ponto de Apoio).

Pintura que representa marinheiros durante uma viagem pelo oceano Pacífico, no século 16. Pintura de Severino Baraldi, produzida no século 20.

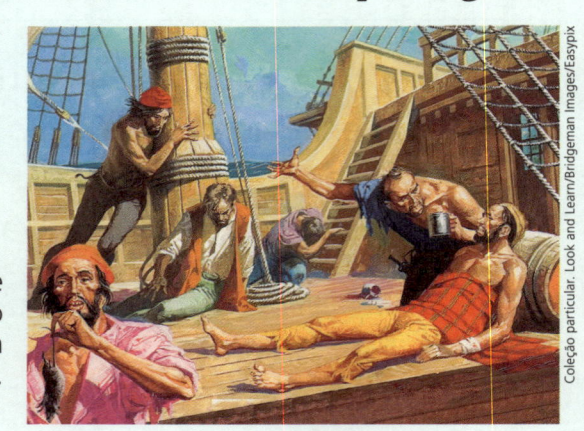

a. Qual é o tema abordado no texto? Marque um **X** na alternativa correta.

( ) A chegada dos portugueses ao Brasil.

( ) A água, as doenças e a alimentação nas embarcações.

( ) As caravanas de comerciantes.

b. De acordo com o texto, quais eram as condições da água e dos alimentos nas embarcações?

_____

_____

c. Descreva o cotidiano nas embarcações durante as viagens no século 16.

_____

_____

_____

Para fazer juntos!

Em grupo, converse com os colegas sobre as viagens marítimas na atualidade. Procurem responder às seguintes questões:

- Como são as viagens marítimas no século 21?

_____

_____

- Descreva as embarcações atuais.

_____

_____

- Como é o dia a dia nas embarcações?

_____

_____

- Quais são as tecnologias disponíveis?

_____

_____

- Compare as fotos a seguir, que mostram duas embarcações de épocas diferentes, e escreva as principais diferenças entre elas.

Embarcação do século 15.

Embarcação do século 21.

- Depois, comentem as respostas com os demais grupos.

> **Que curioso!**

O medo do desconhecido

Na época das chamadas **Grandes Navegações**, o conhecimento geográfico dos navegadores da Europa sobre outras regiões do mundo era bastante impreciso.

Diversas histórias descreviam a existência de criaturas monstruosas que habitavam os oceanos e atacavam as embarcações. De acordo com o imaginário da época, esses seres podiam ter vários tamanhos e, geralmente, misturavam características de animais com formas humanas, além de emitirem sons que apavoravam os marinheiros.

Gravura de Joannes Stradanus, produzida no século 16, representando algumas criaturas imaginárias.

Leia, na página seguinte, um relato escrito por um viajante europeu do século 16.

[...] Disse-me ele que, estando certa vez com outros em uma de suas canoas [...] surgiu um grande peixe que segurou a embarcação com as garras, procurando virá-la ou meter-se dentro dela. Vendo isso, [...] decepei-lhe a mão com uma foice e a mão caiu dentro do barco; e vimos que ela tinha cinco dedos como a de um homem. E o monstro, excitado pela dor, pôs a cabeça fora d'água, e a cabeça, que era de forma humana, soltou um pequeno gemido. [...]

Viagem à terra do Brasil, de Jean de Léry. Tradução Sérgio Milliet. Belo Horizonte: Itatiaia/São Paulo: Edusp, 1980. p. 164.

Gravura do século 16 que representa monstros marinhos atacando embarcações.

Ao longo dos séculos, com o avanço do conhecimento sobre o mar, proporcionado pelas viagens oceânicas, as lendas e mitos deram espaço a narrativas mais realistas. Essas narrativas apresentavam as distâncias das rotas marítimas, o tempo de duração das viagens, as tempestades e as tormentas enfrentadas, entre outras informações.

A chegada dos europeus

No dia 22 de abril de 1500, a expedição comandada pelo navegador português Pedro Álvares Cabral chegou ao litoral, onde atualmente se localiza o estado da Bahia, na região Nordeste do Brasil.

Observe a imagem a seguir.

O desembarque dos portugueses no Brasil ao ser descoberto por Pedro Álvares Cabral em 1500, de Alfredo Roque Gameiro. Litografia, 28 cm x 42 cm. 1900.

1. Quais grupos de pessoas foram representados nessa imagem? Como eles foram representados?

2. Em sua opinião, essa imagem pode ser considerada uma representação exata do primeiro encontro entre portugueses e indígenas? Por quê?

Esse encontro foi muito significativo para os dois povos. Veja quais foram as primeiras impressões que os portugueses tiveram dos indígenas na carta feita pelo escrivão da esquadra de Cabral, Pero Vaz de Caminha.

[...] Pele quase vermelha. Totalmente nus. Cabelos lisos e cortados em cima das orelhas. Tinham a cabeça enfeitada por belos cocares de penas coloridas. E nada para lhes cobrir as vergonhas. Todos traziam nas mãos grandes arcos de madeira escura e flechas de bambu. [...]

A carta de Pero Vaz de Caminha (para crianças), de Toni Brandão. São Paulo: Studio Nobel, 1999. p. 13.

Em outro trecho da carta, Caminha registrou como ocorreu o primeiro contato entre um português e os indígenas. Nicolau Coelho, um dos membros da esquadra, foi o primeiro a desembarcar.

[...] Eles não entendiam português. Mas compreenderam a linguagem dos gestos. Nicolau pediu com gestos para que abaixassem as armas. Os homens o atenderam. Nicolau Coelho ofereceu a eles o seu barrete frígio, o gorro vermelho que trazia na cabeça. Os homens aceitaram. E deram a ele um de seus cocares de penas coloridas. Com essa troca de presentes terminou o primeiro contato entre os nativos e os portugueses. [...]

A carta de Pero Vaz de Caminha (para crianças), de Toni Brandão. São Paulo: Studio Nobel, 1999. p. 14.

Pratique e aprenda

1. Com base na litografia de Alfredo Roque Gameiro apresentada na página **64** e nos trechos da Carta de Caminha, na página **65**, responda às questões a seguir.

a. Como você acha que foi a reação dos indígenas quando viram os europeus pela primeira vez? No espaço abaixo, desenhe como você imagina a versão dos indígenas sobre esse encontro.

b. De acordo com a *Carta de Caminha*, como foi que portugueses e indígenas, que falavam diferentes idiomas, conseguiram se comunicar?

_____
_____

c. Quando recepcionaram Nicolau Coelho, os indígenas foram armados ou desarmados? Como você chegou a essa conclusão?

_____
_____
_____

d. Quais presentes Nicolau Coelho e os indígenas trocaram na ocasião do primeiro contato?

_____

_____

e. Na primeira parte da carta, Caminha faz uma descrição dos indígenas. Quais aspectos chamaram mais a atenção do escrivão?

_____

_____

f. Dos indígenas apresentados a seguir, qual se assemelha àqueles citados por Pero Vaz de Caminha em sua carta? Justifique sua resposta.

A

B

Ilustrações: Gustavo Machado

_____

_____

_____

_____

A linha do tempo

A linha do tempo é um recurso bastante utilizado pelos historiadores para localizar os fatos históricos no tempo. Observe como ficam os períodos da História política do Brasil inseridos em uma linha do tempo.

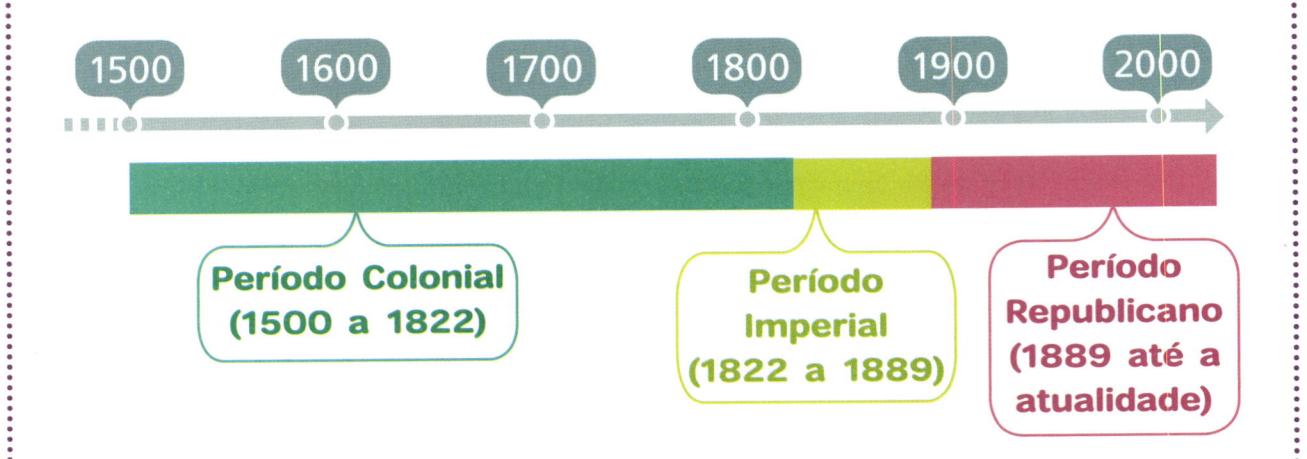

Período Colonial (1500 a 1822)

Período Imperial (1822 a 1889)

Período Republicano (1889 até a atualidade)

Perceba que, nessa linha do tempo, cada período está representado por um intervalo de cor. O Período Colonial pela cor verde, o Período Imperial pela cor verde-clara e o Período Republicano pela cor rosa.

Além das informações de períodos, em uma linha do tempo podem ser mostrados fatos históricos, como no exemplo a seguir.

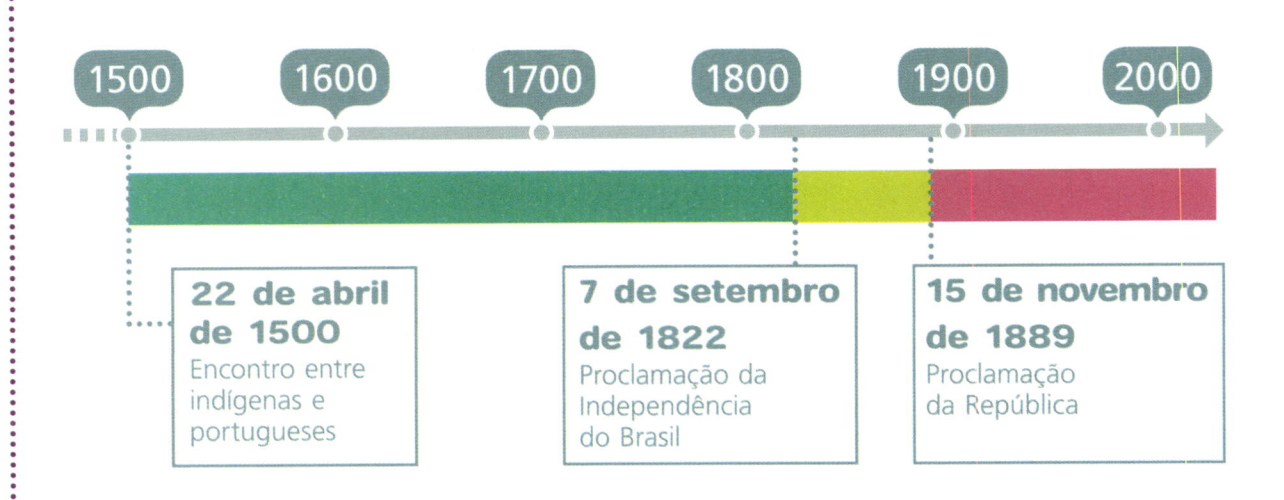

22 de abril de 1500
Encontro entre indígenas e portugueses

7 de setembro de 1822
Proclamação da Independência do Brasil

15 de novembro de 1889
Proclamação da República

- Analisando essas linhas do tempo, que outras informações podemos observar?

As diferentes relações entre indígenas e europeus

Após os primeiros contatos entre indígenas e europeus, as relações entre esses dois povos ocorreram de diversas maneiras. Observe as representações a seguir.

A

Bandeirantes nas florestas do Mato Grosso, de José Severino da Fonseca. Gravura em metal, produzida em 1880. Essa gravura representa indígenas e europeus juntos em uma caçada pela mata.

B

Guerrilha, de Johann Moritz Rugendas. Litografia colorida, 23 cm x 30 cm, produzida no século 19. A imagem representa um conflito entre indígenas e colonizadores.

C

Ciclo de caça ao índio, de Henrique Bernardelli. Óleo sobre tela, 234 cm x 158 cm. Produzida por volta de 1923. Ao fundo, foram representados indígenas sendo forçados pelos colonizadores a trabalhar.

D

O padre Antônio Vieira, de C. Legrand. Litografia produzida no século 19, que representa um padre europeu catequizando dois indígenas.

Pratique e aprenda

1. Agora, relacione cada imagem das páginas **69** e **70** à legenda que melhor complementa as informações sobre as diferentes relações entre indígenas e europeus.

○ Grande parte dos europeus não respeita a maneira como os indígenas viviam, passando a impor o seu modo de vida a eles. Assim, muitos indígenas tiveram de adotar a religião católica, que era a religião oficial de Portugal e falar o idioma português.

○ Muitos povos indígenas, desde o início, combateram a presença europeia em suas terras, resistindo de várias maneiras: por meio de guerras, de fugas, evitando o contato, ou simplesmente não aceitando a imposição dos costumes europeus ao seu modo de vida.

○ Principalmente nos primeiros anos após o contato, alguns grupos indígenas e os europeus mantinham uma relação de colaboração, com cada povo ensinando aspectos de sua cultura ao outro. O conhecimento dos indígenas sobre a mata, por exemplo, foi essencial para a sobrevivência dos portugueses após a chegada deles.

○ Os europeus, interessados em extrair as riquezas dessas terras, passaram a obrigar os indígenas a trabalhar como escravos para eles. Os indígenas escravizados eram tratados com violência, perdiam sua liberdade e sofriam maus-tratos. Muitos indígenas morreram nessas condições.

2. Você conheceu algumas das diferentes maneiras de indígenas e europeus se relacionarem. Agora, escolha uma delas e escreva um texto imaginando que você seja um indígena e viveu esse momento da história, de contato entre povos. Depois, apresente seu texto aos colegas na sala de aula.

_____
_____
_____
_____
_____

Investigue e aprenda

Diferentes visões sobre o outro

As fontes históricas podem fornecer informações importantes ao pesquisador. Somente por meio da pesquisa e da análise das fontes é possível construir o conhecimento histórico.

A seguir, são apresentados dois exemplos de fontes históricas escritas durante o século 16. A primeira fonte faz parte do livro *História da província Santa Cruz*, escrito pelo português Pero de Magalhães de Gândavo por volta do ano de 1570. No livro, Gândavo narra suas impressões sobre os indígenas que habitavam o Brasil naquela época. Leia o texto.

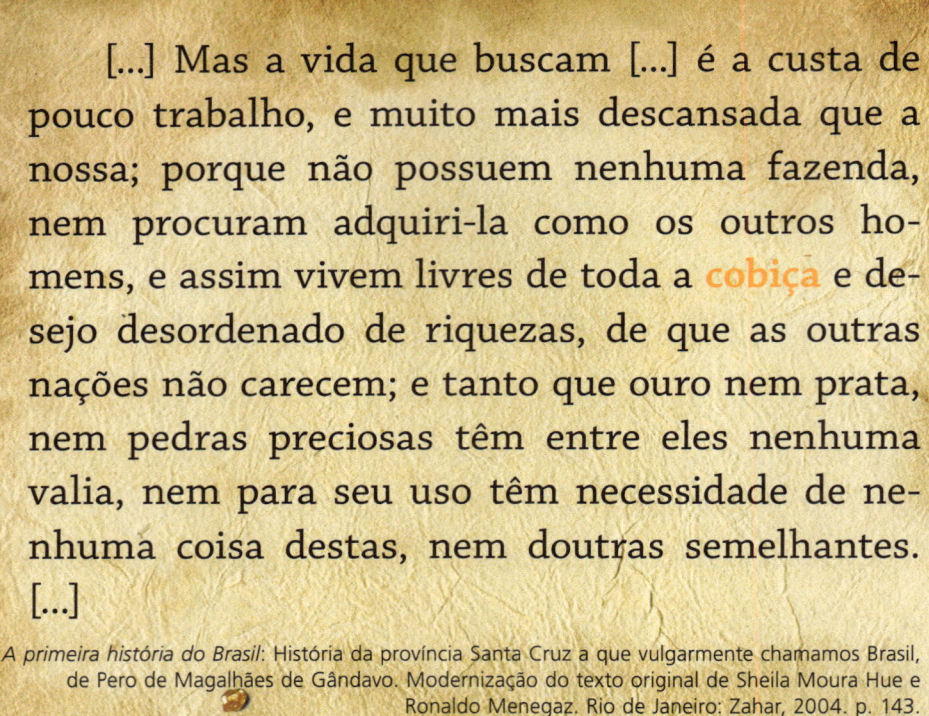

A

[...] Mas a vida que buscam [...] é a custa de pouco trabalho, e muito mais descansada que a nossa; porque não possuem nenhuma fazenda, nem procuram adquiri-la como os outros homens, e assim vivem livres de toda a **cobiça** e desejo desordenado de riquezas, de que as outras nações não carecem; e tanto que ouro nem prata, nem pedras preciosas têm entre eles nenhuma valia, nem para seu uso têm necessidade de nenhuma coisa destas, nem doutras semelhantes. [...]

A primeira história do Brasil: História da província Santa Cruz a que vulgarmente chamamos Brasil, de Pero de Magalhães de Gândavo. Modernização do texto original de Sheila Moura Hue e Ronaldo Menegaz. Rio de Janeiro: Zahar, 2004. p. 143.

cobiça: desejo de possuir ou de conseguir algo

Em meados do século 16, houve uma tentativa do governo francês de implantar uma colônia no atual território do Rio de Janeiro, a França Antártica. A segunda fonte faz parte do diário do francês Jean de Léry, que foi enviado a essa colônia em 1556. Durante sua estadia, teve amplo contato com os indígenas daquela região e registrou o relato de um nativo que não compreendia a maneira de pensar dos europeus. Leia-o.

B

[...] Vejo que vós outros **mairs** sois grandes loucos, pois atravessais o mar e sofreis grandes incômodos, como dizeis quando aqui chegais, e trabalhais tanto para amontoar riquezas para vossos filhos ou para aqueles que vos sobrevivem! Não será a terra que vos nutriu suficiente para alimentá-los também? Temos pais, mães e filhos a quem amamos; mas estamos certos de que depois da nossa morte a terra que nos nutriu também os nutrirá, por isso descansamos sem maiores cuidados. [...]

Viagem à terra do Brasil, de Jean de Léry. Tradução Sérgio Milliet. Belo Horizonte: Itatiaia/São Paulo: Edusp, 1980. p. 169-70.

mairs: denominação que os indígenas Tupinambás utilizavam para se referir aos franceses

1. Analise as fontes **A** e **B** e responda às questões a seguir.

a. O acúmulo de riquezas era uma característica da cultura europeia ou indígena? Justifique sua resposta com base nas fontes apresentadas.

b. Segundo o autor da fonte **A**, como era a vida dos indígenas quando comparada à vida dos europeus?

c. Por que a maneira de pensar dos europeus não fazia sentido para o indígena? Em qual das fontes essa ideia é apresentada?

A vida nas vilas coloniais

Com o objetivo de povoar o território e tornar a terra mais produtiva, os portugueses deram início ao processo de colonização do Brasil. Para isso, construíram as primeiras vilas e cidades, nas regiões litorâneas. A fundação da vila de São Vicente, em 1532, marcou o início desse processo.

Veja, a seguir, uma ilustração que representa algumas características de uma vila fundada pelos portugueses no litoral brasileiro, no século 16.

Os colonizadores portugueses trouxeram para o Brasil animais como o cachorro, a vaca e o cavalo. A criação de gado, por exemplo, foi importante para fornecer produtos como leite e carne.

As pessoas que habitavam as vilas cultivavam pequenas hortas em seus quintais. Nelas, plantavam verduras e legumes, e cultivavam diferentes temperos, como coentro e salsinha, para consumo próprio.

Assim como São Vicente, as primeiras vilas coloniais situavam-se no litoral, onde havia maior facilidade de escoamento de mercadorias, como o pau-brasil e o açúcar, que eram transportadas de navio para a Europa. Além disso, por causa da falta de conhecimento que tinham do território, os colonizadores europeus encontraram dificuldades para avançar para o interior do Brasil.

Outro fator importante que dificultou a fundação de vilas no interior do Brasil foi a resistência de muitos povos indígenas que combatiam o avanço dos europeus em suas terras.

Em roças localizadas no meio da floresta, mas próximas ao litoral, os habitantes das vilas cultivavam mandioca, inhame, batata-doce, milho, abóbora, cará e outras plantas próprias para o consumo.

A igreja era uma das construções mais importantes das vilas. Elas eram construídas no centro da vila, ou no alto de colinas. Na igreja realizavam-se missas, batizados, casamentos e festas religiosas que reuniam os moradores locais.

O cotidiano das mulheres na Colônia

Durante o Período Colonial, as mulheres desempenhavam importantes funções, seja na manutenção do cotidiano doméstico ou trabalhando fora. No entanto, elas deviam sempre obedecer a uma autoridade masculina, normalmente seu pai ou marido. Chamamos de **patriarcal** esse tipo de sociedade, em que as mulheres têm menos direitos e menos liberdades do que os homens.

Nas famílias com mais posses, o papel das mulheres estava bastante ligado às tarefas domésticas. Elas cuidavam das crianças e eram responsáveis pela casa. Por outro lado, as mulheres das famílias mais pobres, além de serem responsáveis pelos afazeres domésticos, também exerciam outros tipos de trabalho. Muitas faziam doces para vender ou costuravam e lavavam roupas, por exemplo.

Uma senhora de algumas posses em sua casa, de Jean-Baptiste Debret. Aquarela sobre papel, 16,20 cm x 23 cm. 1823.

1. Agora, reflita sobre os papéis das mulheres atualmente em nossa sociedade. Que tipos de funções elas costumam exercer?

2. Ainda vivemos em uma sociedade patriarcal? Converse com os colegas.

Aprenda mais!

O livro *Salvador*: a primeira capital do Brasil narra a formação da sociedade baiana, contada pela própria cidade de Salvador.

A cidade vai narrando os principais momentos de sua história e conta um pouco sobre o cotidiano das pessoas no Período Colonial.

O livro aborda a história de Salvador desde a chegada dos portugueses até o final do século 20.

Salvador: a primeira capital do Brasil, de Antonietta d'Aguiar Nunes. São Paulo: Cortez, 2008.

O *site Pibmirim* (Povos Indígenas no Brasil Mirim) reúne informações sobre a cultura e o cotidiano de crianças indígenas de diferentes povos.

Por meio de fotos, vídeos e jogos, entre outros recursos, é possível conhecer um pouco mais sobre seus costumes e modos de vida, aprender sobre a distribuição de tarefas entre os membros de uma comunidade, sua alimentação, língua, crenças e mitos.

<http://pibmirim.socioambiental.org>.
Acesso em: 5 jan. 2018.

Divirta-se e aprenda

História em quadrinhos

Agora que você já estudou sobre a chegada dos europeus ao Brasil, que tal produzir uma história em quadrinhos sobre esse tema? Reúna-se com um colega e usem a imaginação para escrever e desenhar essa história. A seguir são apresentadas algumas orientações.

Vou precisar de:

- folhas de papel sulfite
- lápis ou lapiseira
- lápis de cor
- uma régua
- uma tesoura com pontas arredondadas
- papéis coloridos
- cola branca

Procedimentos:

- Escrevam um roteiro para a história em quadrinhos, ou seja, organizem as ideias para saber como será desenvolvida essa história.

- Em seguida, dobrem as folhas de sulfite ao meio e verifiquem quantos quadrinhos vocês irão precisar para escrever a história. Conforme a necessidade, desenhem com a régua os quadrinhos na folha, assim como mostra a ilustração.

- Reservem a primeira página para produzir a capa da história em quadrinhos de vocês.

- É muito importante que vocês produzam, primeiramente, os balões com as falas dos personagens nos quadrinhos. Assim, os desenhos podem ser feitos no espaço que sobrar em cada um deles.

- Procurem usar letras maiúsculas para escrever as falas dos personagens, pois isso facilita a leitura da história, e utilizem o lápis preto ou a lapiseira.

Para escrever a fala dos personagens, vocês podem produzir diferentes tipos de balões. Observe alguns exemplos.

- Ao finalizar, escrevam a palavra "FIM" no canto direito do último quadrinho, assim como ocorre em muitas histórias em quadrinhos.

- Na capa, escrevam o título e depois ilustrem-na com temas abordados em sua história. Vocês podem desenhar indígenas, europeus com suas roupas típicas, embarcações, mar, praia, paisagens naturais. Utilizem suas cores preferidas para colori-los ou façam colagens com recortes de papéis coloridos.

- Na parte de trás da capa, escrevam o nome dos autores – o seu e o de seu colega – e a data de produção. Está pronta a história em quadrinhos de vocês! Compartilhem o trabalho com o restante da turma.

Após muito trabalho e diversão, a história em quadrinhos estará pronta. Agora é só viajar nessa história!

Pratique e aprenda

1. O texto abaixo trata das moradias no Brasil durante o Período Colonial. Leia-o e responda às questões.

> [...] A forma como moramos também é capaz de indicar as transformações que nossa sociedade sofreu ao longo do tempo. Na época em que o Brasil era colônia de Portugal, muitas casas eram feitas de pedra, para durar mais. Nessa mesma época, havia diferenças nas construções de acordo com o local.
>
> Por exemplo: na região de Campos dos Goytacazes, que fica no estado do Rio de Janeiro, a vida era muito rústica, se comparada aos padrões atuais. Mesmo as famílias mais ricas viviam com poucos objetos em casas simples e pequenas, térreas, feitas com tábuas ou ripas de madeira entrelaçadas, amarradas com cipó, embolsadas com barro molhado e cobertas por telhas ou palha. Poucas eram as casas de sobrado, isto é, que tinham um andar superior. [...]
>
> O que nos contam as moradias, de Keila Grinberg. *Ciência Hoje das Crianças*, Rio de Janeiro, Instituto Ciência Hoje, 5 fev. 2017. Disponível em: <http://chc.cienciahoje.uol.com.br/o-que-nos-contam-as-moradias/>. Acesso em: 14 set. 2017.

a. Quais materiais eram utilizados na construção das moradias no Brasil durante o Período Colonial?

_____

b. Como eram as moradias de Campos dos Goytacazes?

_____

_____

c. Você conhece ou já visitou alguma construção parecida com a que foi descrita no texto? Ela era antiga ou atual? Comente com os colegas.

2. Os textos a seguir descrevem alguns elementos das vilas coloniais. Esses elementos estão indicados por letras na ilustração das páginas **74** e **75**. Relacione cada descrição abaixo à letra correspondente na ilustração.

○ As habitações dos colonos portugueses eram feitas, em sua maioria, de pau a pique (paredes de ripas de madeira entrecruzadas, preenchidas com barro) e o teto era coberto com uma palha conhecida como sapê. Ao longo do tempo, os colonos passaram a construir também moradias com pedras.

○ A construção de grandes fortalezas militares em pontos estratégicos na praia era importante para proteger e defender os europeus de ataques inimigos, tanto de indígenas quanto de corsários.

○ A Câmara Municipal era o centro administrativo da vila. Nela, assuntos como a defesa, a economia, a justiça, o abastecimento e outros aspectos relacionados à administração da vila eram resolvidos e fiscalizados.

○ Os rios próximos eram muito importantes, pois, além de abastecerem a vila com água, eram utilizados como caminhos de transporte de produtos e mercadorias entre a vila e os engenhos de açúcar.

corsários: comandantes de navios militares que têm autorização de um determinado reino ou nação para promover o corso, um tipo de guerra irregular, que visa atacar e saquear embarcações e instalações consideradas inimigas

Ponto de chegada

1. Retome a questão **2** da página **32** e analise a sua resposta. Após os estudos desta unidade, você responderia a essa questão da mesma maneira? Por quê?

2. Reflita sobre os conhecimentos que você tinha antes de estudar sobre os antigos povos indígenas que habitavam o Brasil. O que você aprendeu? Você considera importante conhecer a história desses povos? Explique.

3. Pense no tema que você achou mais interessante entre os conteúdos estudados nesta unidade. Que aspecto lhe chamou a atenção? Escreva um texto justificando sua resposta.

unidade

3 Trabalho e cultura no Brasil

Engenho de açúcar, de Johann Moritz Rugendas. Litografia produzida em 1835.

Ponto de partida

1. Descreva a imagem. Você sabe quem são as pessoas representadas? O que elas estão fazendo?

2. Quais foram as primeiras atividades de trabalho desenvolvidas no território brasileiro após a chegada dos portugueses?

3. Qual foi a importância de indígenas, afrodescendentes e imigrantes europeus na formação da cultura brasileira?

A extração do pau-brasil

Quando os europeus chegaram ao Brasil no ano de 1500, uma das primeiras formas de exploração do território foi a extração do **pau-brasil**.

O pau-brasil foi muito cobiçado pelos europeus na época, pois sua madeira avermelhada era bastante dura e resistente, sendo muito boa para a construção de móveis, por exemplo. No entanto, o que mais chamou a atenção dos exploradores foi a possibilidade de se extrair dessa madeira um corante vermelho para tingir tecidos.

Assim, a extração do pau-brasil logo se tornou um ótimo negócio. Por causa do seu alto valor comercial, os europeus viajavam longas distâncias em busca dessa árvore. Com o passar dos anos, essa madeira passou a ser extraída em quantidades cada vez maiores.

Detalhe de um mapa de John Roze, produzido em 1542, representando indígenas extraindo pau-brasil do litoral para os europeus.

Que curioso!

O pau-brasil

O pau-brasil já era conhecido pelos nativos como ibirapitanga (*ybirá*: "pau" ou "árvore"; *pitanga*: "vermelho"). Mas eles não usavam o corante extraído dessa madeira, pois a árvore do pau-brasil era muito dura e difícil de derrubar. Em seu dia a dia os indígenas utilizavam diversos corantes de espécies vegetais e minerais que atendiam a essas necessidades, como o urucum e o jenipapo.

Árvore de pau-brasil.

O trabalho indígena

Como foi representado no detalhe do mapa na página anterior, o corte e o transporte das toras de madeira até os navios eram realizados pela força de trabalho indígena. Em troca, os indígenas recebiam objetos, como enfeites, roupas e, principalmente, instrumentos de metal, como facas, foices e machados.

Entalhe em madeira produzido em meados do século 16 representando indígenas transportando a madeira do pau-brasil.

No entanto, o apoio do indígena ao europeu ia além do corte e transporte das toras de madeira. O processo de extração e abastecimento do pau-brasil podia durar cerca de dois meses. Durante esse período, os europeus se instalavam nas feitorias, que eram entrepostos comerciais localizados no litoral.

Além da madeira do pau-brasil, os indígenas forneciam aos europeus alimentos, como frutas e farinha de mandioca, e proteção contra ataques de animais selvagens nas feitorias.

A Mata Atlântica

O pau-brasil é uma espécie de árvore que era encontrada em grande parte do litoral brasileiro, na região da Mata Atlântica, uma floresta tropical que abriga grande variedade de plantas e animais.

Em 1500, essa floresta cobria a maior parte da região litorânea e áreas do interior do Brasil. Porém, com o passar do tempo, atividades como a pecuária e a agricultura a destruíram em grande parte. Atualmente, restam menos de 10% de sua área original, o que a torna uma das florestas mais ameaçadas de extinção no mundo.

Investigue e aprenda

Terra Brasilis

O mapa a seguir, chamado *Terra Brasilis*, é uma importante fonte histórica para o estudo do início da ocupação portuguesa no Brasil. Produzido entre 1515 e 1519, representa parte do atual território brasileiro. Nesse mapa, é possível observar como os portugueses imaginavam a terra ainda pouco conhecida por eles, além de algumas das atividades desenvolvidas pelos indígenas naquele período. Veja.

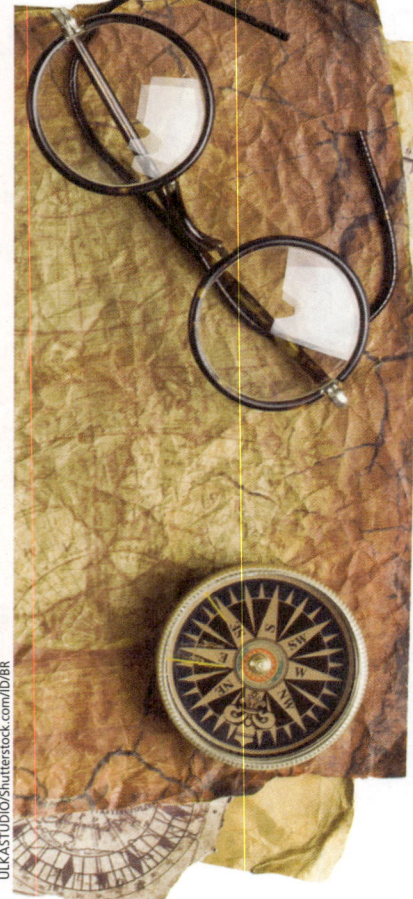

Mapa *Terra Brasilis*, de Lopo Homem, Pedro Reinel e Jorge Reinel, produzido no século 16.

Terra Brasilis foi encomendado pelo rei de Portugal para ser dado como presente ao rei da França. Uma das intenções do presente era impressionar os governantes franceses com o domínio e o conhecimento que os portugueses tinham sobre o território. O mapa foi elaborado pelos cartógrafos Lopo Homem, Pedro Reinel e Jorge Reinel, que se basearam em relatos de viajantes e em mapas mais antigos da região.

cartógrafos: pessoas que trabalham com a produção de mapas

Detalhe do mapa *Terra Brasilis*, que mostra indígenas trabalhando na extração do pau-brasil.

Analise o mapa *Terra Brasilis* e responda às questões.

a. Quais atividades exercidas pelos indígenas estão representadas no mapa?

b. Quais tipos de animais foram representados?

c. Além dos animais, foi representada no mapa uma criatura imaginária. Qual é essa criatura?

d. Por que essa criatura imaginária foi representada em um mapa europeu do início do século 16?

Pratique e aprenda

1. Leia o texto e responda às questões a seguir.

> [...] O pau-brasil (*Caesalpinia echinata*) tingia linhos, sedas e algodões, concedendo-lhes um "suntuoso tom carmesim ou purpúreo": a cor dos reis e dos nobres. Uma espécie semelhante, a *Caesalpinia sappan*, nativa da Sumatra, já era conhecida na Europa desde os primórdios da Idade Média.
>
> A partir do século 17, porém, praticamente todos os tecidos produzidos em Flandres e na Inglaterra passaram a ser coloridos pelo "pau-de-tinta" brasileiro. [...]
>
> *Brasil*: uma história: cinco séculos de construção, de Eduardo Bueno. São Paulo: Leya, 2010. p. 37.

Obra de arte do século 15 que mostra o processo de tingimento de roupas com corante vermelho.

a. Qual é o principal tema tratado no texto?

_____
_____
_____

b. De acordo com o texto, por que o pau-brasil era tão valorizado?

_____
_____
_____

2. Complete a frase do quadro utilizando as palavras abaixo.

> troca ▪ indígenas
> enfeites ▪ ferro

Os _____ cortavam e transportavam as toras de madeira até os navios. Em _____, recebiam objetos, como _____, roupas, além de facas e machados de _____.

3. Sobre a exploração do pau-brasil, responda às questões a seguir.

a. Como o pau-brasil era conhecido pelos nativos? Ele era utilizado da mesma forma que na Europa? Explique.

_____
_____
_____
_____

b. Qual foi a importância do apoio dos indígenas durante o processo de extração e abastecimento do pau-brasil?

_____
_____

4. Marque um **X** na alternativa que apresenta a principal utilização do pau-brasil na Europa.

◯ Alimentação, pois seus frutos eram comestíveis.

◯ Fabricação de móveis e extração de corante para tingir tecidos.

◯ Construção de embarcações, para explorar novos territórios.

O início da colonização

A partir do começo do século 16, os portugueses iniciaram o processo de colonização do território brasileiro, ou seja, de ocupação e povoamento das terras. Com isso eles pretendiam desenvolver atividades econômicas para render lucro à Coroa portuguesa.

Naquela época, o açúcar era um produto de alto valor comercial na Europa. Por isso, os portugueses deram início à plantação de cana-de-açúcar e à instalação de engenhos.

Moagem da cana na Fazenda Cacheira, em Campinas, de Benedito Calixto. Óleo sobre tela, 105 cm x 135 cm, produzida no século 20. A imagem representa africanos escravizados trabalhando em um engenho de açúcar no Brasil.

Inicialmente, para a realização dos trabalhos, foi explorada a mão de obra indígena. Entretanto, com o aumento da produção, os europeus passaram a trazer da África pessoas capturadas para trabalhar como escravas.

Os africanos escravizados, em sua maioria homens, eram obrigados a realizar todas as tarefas ligadas à produção açucareira. Eles trabalhavam durante muitas horas e recebiam uma alimentação precária. Além disso, sofriam maus-tratos e castigos físicos, o que tornava as suas jornadas de trabalho ainda mais difíceis.

A África e o Brasil

Você conhece a cultura africana? Para responder a essa pergunta, pense antes no seu dia a dia, nas pessoas que você conhece, nos alimentos que consome, nas músicas que escuta...

Muitos brasileiros não percebem, mas sabem muito sobre a cultura africana, pois ela faz parte de seu cotidiano. Por isso, conhecê-la e saber identificar o papel formador dos africanos na identidade e na cultura do povo brasileiro significa conhecer um pouco mais sobre a realidade atual.

As ilustrações a seguir representam personagens africanos e alguns aspectos de sua cultura. Observe-as e leia as legendas que as acompanham.

Muitos elementos da música africana, como alguns ritmos e instrumentos musicais, influenciaram a música brasileira.

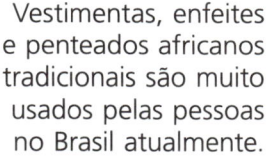

Vestimentas, enfeites e penteados africanos tradicionais são muito usados pelas pessoas no Brasil atualmente.

Ilustrações: Gustavo Machado

Muitos alimentos e temperos que compõem a culinária africana são comuns em várias regiões do Brasil.

A diáspora forçada dos povos africanos

Em meados do século 16, o açúcar se tornou a principal mercadoria produzida na Colônia. Na Europa, esse produto gerava grandes lucros para a Coroa Portuguesa e era cada vez mais consumido.

Com o aumento da produção açucareira, os colonizadores precisavam aumentar também a mão de obra para o trabalho nos canaviais. Então, a partir de 1570, africanos escravizados passaram a ser trazidos à força para trabalhar na Colônia.

Ilustração produzida no século 19 representando africanos capturados para serem vendidos como escravos.

Muitas pessoas, às vezes famílias inteiras, eram violentamente capturadas nas comunidades onde viviam e levadas até os pontos de venda de escravos, geralmente localizados ao longo do litoral africano.

Após serem adquiridas nesses locais, as pessoas escravizadas eram levadas em embarcações da África para a América. Essa viagem durava entre 30 a 45 dias e, durante todo o trajeto, os africanos sofriam com a falta de espaço, falta de higiene, má alimentação, além de castigos físicos e psicológicos.

Era comum as pessoas adoecerem na embarcação e falecerem devido às condições a que estavam expostas.

Espera em navio escravo brasileiro, de Francis Meynell. Aquarela produzida em 1845.

Reinos e impérios africanos

Na época em que os primeiros africanos foram trazidos para o Brasil, no século 16, as populações da África estavam organizadas, em sua maioria, em reinos e impérios que já existiam havia muitos séculos. A cultura desses povos era bastante rica e diversificada.

O islamismo foi difundido no continente africano pelos comerciantes muçulmanos. Por causa desse intercâmbio cultural, os reinos do Sudão, como Mali e Songai, se tornaram grandes centros de difusão da cultura islâmica, com mesquitas, escolas e bibliotecas dedicadas aos estudos religiosos. A ilustração ao lado representa um jovem muçulmano estudando próximo a uma mesquita em Mali.

Os berberes e os tuaregues eram povos que viviam no deserto do Saara. Eram conhecidos como grandes comerciantes, responsáveis por promover trocas de mercadorias, mas também trocas culturais, em diversas regiões da África.

Muitos desses povos eram nômades. As mercadorias eram levadas de uma região para outra por meio das caravanas, como a que está representada na ilustração abaixo.

islamismo: religião de origem árabe e monoteísta, isto é, que acredita em um deus único
nômade: aquele que está em constante movimento, que não se fixa ou mora somente em um lugar

Ilustrações: Gustavo Machado

Nos reinos iorubás, cidades importantes como Ifé eram governadas pelo *obá*. O *obá* atuava como autoridade política e religiosa, pois era considerado intermediário entre os seres humanos e as divindades.

A ilustração ao lado representa um *obá* de Ifé usando o *adé*, tipo de coroa que cobria parte do rosto.

O Reino do Congo reunia diversas aldeias, governadas pelo *mani Congo*. A organização social e política desse reino era bastante **hierarquizada**. Desde o século 15, os congoleses realizavam trocas comerciais com os portugueses. A ilustração ao lado representa autoridades portuguesas demonstrando respeito ao *mani Congo*.

hierarquizada: forma de organização que classifica as pessoas em diferentes níveis, entre superiores e seus dependentes

Que curioso!

A música e as sociedades africanas

Você sabia que a música era um elemento cultural muito importante para os africanos?

Por meio da música e da dança, muitos povos da África acreditavam que podiam se comunicar com os deuses e, assim, fazer com que eles interferissem na vida dos seres humanos. Por isso, muitos instrumentos musicais só podiam ser tocados por músicos considerados autoridades religiosas.

Pratique e aprenda

1. A respeito da colonização, responda às seguintes questões.

a. Explique o que significa colonização.

_____

_____

b. Descreva as condições de vida e de trabalho dos africanos escravizados no Brasil durante o início da colonização.

_____

_____

_____

_____

_____

2. Sobre a presença da cultura africana no Brasil, identifique a frase incorreta e reescreva-a corretamente.

◯ Conhecer a cultura africana permite aos brasileiros conhecer sua própria cultura.

◯ Os alimentos, os temperos e as receitas africanas são comuns em várias regiões do Brasil.

◯ Muitos elementos da música africana, como alguns instrumentos musicais e ritmos, influenciaram a música brasileira.

◯ Vestimentas, enfeites e penteados africanos tradicionais são muito antigos, por isso não são mais usados no Brasil.

_____

_____

_____

3. Sobre as sociedades africanas no século 16, siga as pistas e identifique a qual povo cada uma delas se refere. Depois, ligue-as corretamente.

Possuíam cidades que se tornaram grandes centros de difusão da cultura islâmica, com mesquitas, escolas e bibliotecas.	Reino do Congo.
Esse reino reunia diversas aldeias que eram governadas por um chefe. Desde o século 15, esse reino realizava o comércio com os portugueses.	Berberes e tuaregues.
Esses reinos eram governados pelo *obá*, que exercia autoridade política e religiosa, e era muito respeitado pelos seus súditos.	Reinos do Sudão.
Eram povos nômades, conhecidos por serem grandes comerciantes, ligando, por meio de suas relações comerciais, diversas regiões da África.	Reinos Iorubás.

4. Alguns povos africanos não viviam em um só lugar e se mudavam constantemente. Como chamamos esses povos? Marque um **X** na alternativa correta.

◯ Comerciantes.

◯ Nômades.

◯ Sedentários.

O engenho de açúcar

Atualmente, no Brasil, o açúcar é fabricado em usinas e pode ser encontrado nas prateleiras de diferentes estabelecimentos comerciais, como supermercados, padarias e pequenas lojas de alimentos. Ele é utilizado por grande parte da população brasileira para adoçar bebidas e alimentos consumidos no dia a dia.

Há cerca de 500 anos, porém, o açúcar era produzido nos engenhos, em escala muito menor, e grande parte da população não tinha acesso ao produto, que era vendido pelos portugueses na Europa.

O engenho funcionava dentro de uma grande propriedade rural, onde se fazia necessário o trabalho de muitas pessoas para transformar a cana em açúcar. Apesar da presença de trabalhadores livres, as atividades nos engenhos eram realizadas predominantemente por pessoas capturadas no continente africano e escravizadas no Brasil.

Engenho de Pernambuco, de Frans Post. Óleo sobre tela, 50 cm x 74,5 cm, produzida no século 17. Naquela época, a Colônia era a maior produtora mundial de açúcar.

Como funcionava um engenho?

Leia a seguir a história em quadrinhos sobre o funcionamento de um engenho do Período Colonial.

O engenho de açúcar

O ENGENHO ERA UMA GRANDE PROPRIEDADE RURAL ONDE SE PRODUZIA O AÇÚCAR. VAMOS CONHECER ALGUMAS DE SUAS CARACTERÍSTICAS.

A CANA – CULTIVADA EM ÁREAS DE MATA NATIVA DERRUBADA – ERA A PRINCIPAL MATÉRIA-PRIMA UTILIZADA NA FABRICAÇÃO DO AÇÚCAR. O CORTE, A COLHEITA E O TRANSPORTE DA CANA ERAM REALIZADOS PELOS AFRICANOS ESCRAVIZADOS RECÉM-CHEGADOS DA ÁFRICA, CHAMADOS DE "ESCRAVOS NOVOS". APÓS A COLHEITA, A CANA ERA LEVADA PARA A CASA DE ENGENHO EM CARROS DE BOI.

A CASA DE ENGENHO ERA O LUGAR MAIS IMPORTANTE DA PROPRIEDADE. NELA, A CANA ERA MOÍDA E O AÇÚCAR, FABRICADO. A MAIOR PARTE DO TRABALHO ERA REALIZADA POR AFRICANOS ESCRAVIZADOS. OS GRANDES ENGENHOS FICAVAM PRÓXIMOS AOS RIOS, POIS SUAS ÁGUAS MOVIAM AS MOENDAS. OS RIOS AINDA FORNECIAM PEIXES PARA OS MORADORES E ERAM UTILIZADOS COMO VIAS DE TRANSPORTE DE PRODUTOS. AS MATAS, SITUADAS ÀS MARGENS DA PROPRIEDADE, FORNECIAM MADEIRA PARA CONSTRUÇÕES E LENHA PARA O BENEFICIAMENTO DO CALDO DA CANA.

Ilustrações: Gustavo Machado

A SENZALA ERA O LUGAR ONDE FICAVAM ABRIGADOS OS AFRICANOS ESCRAVIZADOS DEPOIS DA JORNADA DE TRABALHO. ELA ERA UMA CONSTRUÇÃO FEITA, GERALMENTE, DE PAU A PIQUE. AO REDOR DA SENZALA, OS ESCRAVOS CULTIVAVAM HORTAS PARA MELHORAR SUA ALIMENTAÇÃO.

O SENHOR DE ENGENHO – COMO ERA CHAMADO O DONO DO ENGENHO – MORAVA COM SUA FAMÍLIA EM UMA CONSTRUÇÃO QUE GERALMENTE ERA CONFORTÁVEL E AMPLA, CHAMADA DE CASA-GRANDE. NELA, TRABALHAVAM AFRICANOS ESCRAVIZADOS DOMÉSTICOS, EM SUA MAIORIA MULHERES, QUE REALIZAVAM VÁRIAS TAREFAS, COMO COZINHAR, LAVAR ROUPAS E CUIDAR DOS FILHOS DOS SENHORES. MUITAS AFRICANAS ESCRAVIZADAS, CONHECIDAS COMO AMAS DE LEITE, AMAMENTAVAM ESSAS CRIANÇAS.

ERA COMUM A CONSTRUÇÃO DE UMA CAPELA NA PROPRIEDADE DO SENHOR DE ENGENHO, ONDE ERAM REALIZADAS CERIMÔNIAS E FESTAS RELIGIOSAS. ALÉM DISSO, ERA ONDE ACONTECIA O BATISMO DOS AFRICANOS ESCRAVIZADOS RECÉM-CHEGADOS.

FIM.

Ilustrações: Gustavo Machado

Pratique e aprenda

1. O mapa a seguir mostra as regiões de cultivo de cana-de-açúcar e a quantidade de engenhos nas regiões açucareiras da Colônia por volta de 1600. Observe-o e realize as atividades.

   a. Cite o nome da cidade e das vilas localizadas na área de cultivo onde se encontrava a maior parte dos engenhos.

   _____
   _____
   _____
   _____

   Engenhos de açúcar no Brasil no século 16

   Fonte de pesquisa: *Saga*: a grande história do Brasil, de Hildegard Feist (Ed.). São Paulo: Abril Cultural, 1981. v. 1. p. 165.

   b. Marque um **X** na alternativa que indica a quantidade de engenhos que havia na área de cultivo onde estavam localizadas as vilas de Ilhéus e Porto Seguro.

   ( ) 3 engenhos.   ( ) 4 engenhos.
   ( ) 36 engenhos.

   c. De acordo com o mapa, quantos engenhos havia na Colônia por volta de 1600? Marque um **X** na alternativa correta.

   ( ) 119 engenhos.   ( ) 53 engenhos.
   ( ) 102 engenhos.

2. Observe as legendas a seguir. Elas descrevem as principais etapas de produção do açúcar em um engenho colonial. Identifique cada etapa e relacione-as corretamente nos quadrinhos próximos às imagens apresentadas abaixo.

A A cana era cortada e transportada pelos africanos escravizados até a casa de engenho em carros de boi.

B Na casa de engenho, a cana era moída para extrair seu caldo.

C O caldo de cana era cozido em tachos para engrossar e virar melaço.

D O melaço era coado e despejado em formas de barro, para solidificar e branquear.

E Assim que o açúcar solidificava e branqueava, os trabalhadores o retiravam da forma, batiam e colocavam ao sol para secar.

F Depois de secar, o açúcar era encaixotado e levado ao porto para ser transportado para a Europa.

Para fazer juntos!

As pessoas trazidas para trabalhar como escravas no Brasil vinham de diferentes regiões do continente africano. Essas pessoas, apesar dos maus-tratos a que estavam submetidas, procuravam preservar suas raízes culturais e seus costumes.

Os congoleses, por exemplo, no período em que trabalharam na condição de escravos no Brasil, mantiveram costumes de sua terra natal. Entre esses costumes, estava a realização da congada, festa em homenagem aos reis e rainhas do Congo.

Coroação de um Rei nos Festejos de Reis, de Carlos Julião. Aquarela produzida em cerca de 1770.

- Em grupo, pesquisem informações sobre a congada. Sigam o roteiro.

  a. Pesquisem como era praticada essa festa no Reino do Congo.

  b. Verifiquem se essa festa sofreu transformações ao entrar em contato com a cultura brasileira.

  c. Comparem o modo como essa festa era realizada no Brasil no passado e como acontece na atualidade.

  d. Depois, produzam cartazes utilizando as informações encontradas. Se possível, ilustrem-nos com imagens sobre o tema.

  e. Quando os cartazes estiverem prontos, façam uma exposição na sala de aula ou em outro local da escola.

Realização de congada em Minas Novas, Minas Gerais, 2016.

O trabalho escravo nas minas

No início da colonização, os portugueses ocuparam principalmente o litoral do Brasil. Porém, no final do século 17, o governo de Portugal passou a incentivar expedições pelo interior da Colônia. Essas expedições tinham como principais objetivos a procura por riquezas minerais.

Em uma dessas expedições, foi encontrado ouro na região onde atualmente se localiza o estado de Minas Gerais. Aos poucos, a mineração passou a ser uma das principais atividades econômicas da Colônia.

Grande parte do trabalho realizado na mineração era feito por africanos escravizados. Leia o texto.

> [...] Segundo informações de padres daquela época, o trabalho deles era tão pesado e o seu ganho tão pequeno, que se podia dizer que tinham vivido muito quando aguentavam mais de sete anos. [...]
>
> Por trabalharem o dia todo, em regiões de clima frio, com os pés metidos dentro da água, as doenças mais comuns eram as respiratórias. [...]

O trabalho em Minas Colonial, de Andréa Lisly Gonçalves e Iris Kantor. São Paulo: Atual, 1996. p. 16.

Além das doenças respiratórias, havia outros problemas enfrentados pelos escravos mineradores, principalmente acidentes nas minas subterrâneas, nas quais muitas pessoas morriam soterradas.

Africanos escravizados fazendo a lavagem do ouro. Gravura produzida em 1814.

O trabalho escravo nas cidades

Durante os períodos Colonial e Imperial, o trabalho de africanos escravizados também foi muito importante nas cidades brasileiras.

No século 19, por exemplo, a mão de obra escravizada estava muito presente no cotidiano da então capital do Brasil, o Rio de Janeiro. A variedade de trabalhos exercidos por pessoas escravizadas era grande: havia carregadores, barbeiros, alfaiates, pescadores, músicos, sapateiros, vendedores, carpinteiros, entre outros.

Muitos desses trabalhadores urbanos eram **escravos de ganho**, ou seja, trabalhavam nas ruas da cidade exercendo diversas atividades em troca de dinheiro. A maior parte do que recebiam era entregue aos seus senhores. O pouco que lhes restava era usado para comprar roupas e alimentos. Alguns escravos de ganho, após muitos anos trabalhando, conseguiam juntar a quantia suficiente para comprar sua alforria.

Negros de carro, de Jean-Baptiste Debret. Litografia produzida no século 19.

alforria: liberdade concedida a um escravo

Maneiras de lutar e resistir

Os escravos buscavam resistir de diversas formas à dura realidade em que viviam. Em seu cotidiano, as manifestações religiosas, a prática de danças e as comemorações festivas, por exemplo, eram maneiras de resistir à escravização, além de manter vivas suas tradições e a memória de seus antepassados.

Dança do Batuque, de Johann Moritz Rugendas. Litografia produzida no século 19, que representa uma dança tradicional africana.

Outra maneira de se defender e resistir à escravidão era a organização de fugas individuais ou coletivas.

Os escravos que conseguiam fugir formavam grandes aldeamentos em lugares de difícil acesso, geralmente no meio da mata.

Nesses refúgios, conhecidos como **quilombos**, eles procuravam resgatar aspectos de sua cultura, revivendo práticas e costumes africanos. Além disso, cultivavam seu próprio alimento e fabricavam objetos de que precisavam para seu uso cotidiano, feitos de ferro ou cerâmica.

Zumbi, de Antônio Parreiras. Óleo sobre tela, 115,3 cm × 87,4 cm. 1927. Zumbi foi um dos líderes do Quilombo dos Palmares, localizado entre os atuais estados de Alagoas e Pernambuco.

Por dentro do tema

Direitos humanos

Dia Nacional da Consciência Negra

Você sabia que o **Dia Nacional da Consciência Negra** (20 de novembro) é comemorado no dia em que morreu Zumbi dos Palmares?

Para lembrar a trajetória histórica dos negros no Brasil, nessa data, muitos grupos promovem manifestações, passeatas, eventos culturais, cursos e seminários.

Marcha da Consciência Negra na cidade de São Paulo, em 2016.

Atualmente, problemas como o racismo, o preconceito e a discriminação geram inúmeras dificuldades para a população afrodescendente no Brasil, dificultando, por exemplo, que tenha acesso a vagas de emprego e a universidades.

Por isso, esses grupos, que juntos também são conhecidos como Movimento Negro, buscam conscientizar a população sobre a importância da luta contra o racismo e o preconceito no Brasil. Além disso, eles promovem a valorização da cultura e da luta histórica dos africanos e afrodescendentes por uma vida mais justa e digna, desde os tempos coloniais até a atualidade.

- Em sua opinião, que outros tipos de problemas o racismo e o preconceito podem trazer para as pessoas? O que pode ser feito para esses problemas serem combatidos?

Pratique e aprenda

1. Quando o governo português passou a incentivar expedições pelo interior da Colônia? Quais os principais objetivos dessas expedições?

   _____
   _____
   _____

2. Quais eram os riscos enfrentados pelas pessoas escravizadas que trabalhavam na mineração? Marque um **X** na alternativa correta.

   ◯ Ambiente violento e com criminalidade.

   ◯ Contaminação alimentar nas refeições.

   ◯ Contrair doenças respiratórias e risco de soterramento.

3. Quem eram os escravos de ganho? Cite algumas atividades que eles exerciam.

   _____
   _____
   _____
   _____
   _____

4. Como as pessoas escravizadas procuravam resistir às condições que lhes eram impostas?

   _____
   _____
   _____
   _____

5. O que eram os quilombos? Que atividades eram desenvolvidas nesses locais?

_____

_____

_____

_____

6. Leia o texto a seguir, que aborda as comunidades quilombolas na atualidade.

> As comunidades quilombolas, ao longo dos anos, mantiveram as tradições de seus antepassados por meio da história contada de pai para filho e criaram novos costumes. Hoje, continuam presentes em todo o Brasil.
>
> [...] Há, pelo menos, 527 comunidades quilombolas distribuídas por 134 municípios. Os estados da Bahia, do Pará e de Minas Gerais contam, cada um, com bem mais de uma centena de comunidades quilombolas. E há dezenas no Rio de Janeiro, Alagoas, São Paulo, Goiás, Rio Grande do Norte, Espírito Santo, Ceará, Sergipe, Amapá, Piauí, Pernambuco, Rio Grande do Sul, Amazonas, Santa Catarina, Paraná e Tocantins.
>
> Do quilombo ao quilombola, de Flávio Gomes e Regina Célia de Oliveira. *Ciência Hoje das Crianças*, Rio de Janeiro, Instituto Ciência Hoje, 21 nov. 2016. Disponível em: <http://chc.org.br/do-quilombo-ao-quilombola/>. Acesso em: 20 set. 2017.

a. De acordo com o texto, há cerca de quantas comunidades quilombolas no Brasil atualmente? Como elas estão distribuídas?

_____

_____

b. Na região onde você mora há comunidades quilombolas? Faça uma pesquisa para conhecer mais sobre elas. Traga as informações encontradas para a sala de aula e converse com os colegas.

Para fazer juntos!

Na história do Brasil, a escravização de pessoas tirou a liberdade de indígenas, africanos e de seus descendentes por séculos, até ser abolida, em 1888.

Atualmente, a escravidão não é permitida no Brasil, entretanto, milhares de pessoas ainda realizam trabalhos forçados.

Em grupo, façam uma pesquisa e procurem saber:

- Como vivem e trabalham as pessoas submetidas ao trabalho forçado no Brasil?
- Em quais regiões do Brasil esse tipo de problema está acontecendo?
- Quais ações estão sendo realizadas para combater o trabalho forçado no país?

Após o término, realizem um debate sobre o assunto. Depois, produzam um cartaz com os resultados da pesquisa e apresentem-no em sala de aula.

Aprenda mais!

A história do livro *Meu avô africano* é contada pelo menino Vítor Iori, que vive com os pais e a irmã na casa de seus avós.

Em meio a muitas curiosidades, Vítor aprende com seu avô a história de seus antepassados, desde as tradições dos antigos reinos africanos até a vinda forçada desses povos ao Brasil, além da influência das culturas africanas sobre os costumes e o modo de vida dos brasileiros.

Meu avô africano, de Carmen Lucia Campos. São Paulo: Panda Books, 2010.

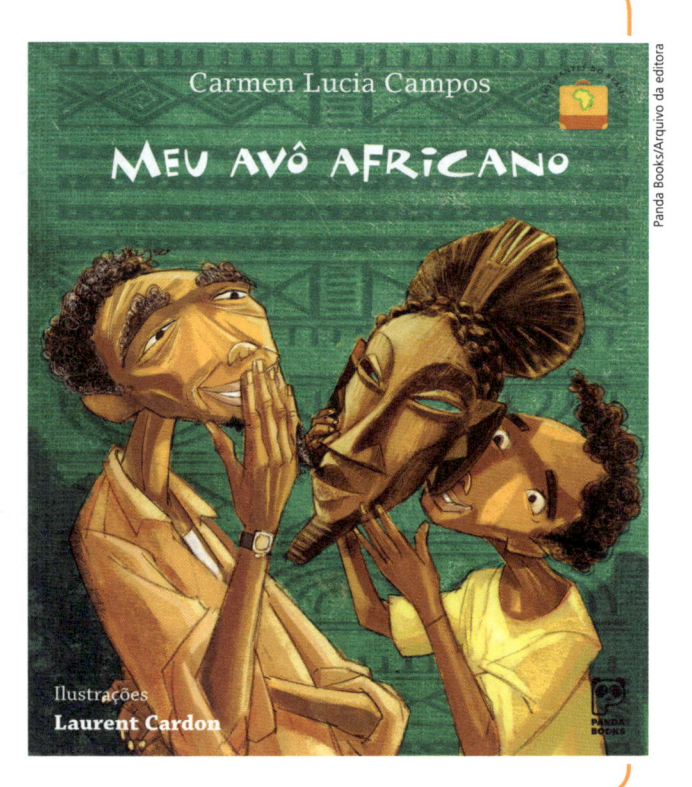

Trabalhadores estrangeiros no Brasil

A partir da segunda metade do século 19, muitas pessoas vieram de outros países para trabalhar no Brasil. Chamadas de **imigrantes**, essas pessoas eram, em sua maioria, europeus que procuravam escapar da situação de miséria em que viviam, causada por diversos motivos, como guerras e conflitos civis. Ao virem para o Brasil, esperavam melhorar suas condições de vida.

Naquela época, o Brasil era governado pelo imperador D. Pedro II, filho de D. Pedro I. O trabalho escravo ainda existia no país, embora muitos setores da sociedade pressionassem o governo para abolir a escravidão. Esses grupos eram formados por intelectuais, jornalistas e, principalmente, escravos e ex-escravos.

Imigrantes europeus a bordo de navio com destino ao Brasil, em 1907.

Foto retratando um imigrante europeu e pessoas escravizadas de origem africana trabalhando juntos em uma fazenda de café no Brasil, no século 19.

conflitos civis: disputas ou conflitos entre grupos envolvendo cidadãos de um mesmo país ou nação, geralmente com grande participação popular

Imigrantes de todas as partes

Entre os imigrantes havia italianos, espanhóis, alemães, poloneses, ucranianos e portugueses. A partir do início do século 20, vieram também imigrantes do Japão, da Síria e do Líbano.

Observe as fotos a seguir, que retratam famílias de imigrantes de diferentes nacionalidades.

Família de imigrantes italianos em São Paulo, no ano de 1919.

Família de imigrantes ucranianos um ano antes de sua partida para São Paulo, em 1928.

Família de imigrantes japoneses partindo para o Brasil, do porto de Yokohama, no Japão, em 1940.

Família de imigrantes libaneses, em São Paulo, no início do século 20.

Fotos: Autor desconhecido/Museu da Imigração/Arquivo Público do Estado de São Paulo, São Paulo

- Você se parece ou conhece alguém parecido com as pessoas retratadas nas fotos? Comente com os colegas.

O dia a dia dos imigrantes nas fazendas de café

Ao chegarem ao Brasil, muitos imigrantes eram levados para trabalhar nas fazendas de café, que então se tornara o principal produto agrícola cultivado no país. Veja alguns aspectos do trabalho dos imigrantes nessas fazendas.

Geralmente os fazendeiros contratavam famílias inteiras para trabalhar. Homens, mulheres e crianças exerciam diversas atividades.

O processo de produção do café envolvia diversas atividades, como preparação do solo, plantio, colheita, limpeza, secagem, descascamento e ensacamento do café.

Ilustrações: Gustavo Machado

As jornadas de trabalho eram longas e cansativas. Para executar os serviços exigidos pelo fazendeiro, muitos imigrantes trabalhavam também nos finais de semana.

Nas fazendas, os imigrantes moravam em casas com pequenos roçados, onde cultivavam alimentos e criavam animais para complementar sua alimentação e vender o excedente.

Pratique e aprenda

1. Explique o que é um imigrante. Que tipo de trabalhos eles realizavam no Brasil?

_____
_____
_____
_____
_____

2. Leia o texto a seguir e responda à questão.

> [...] A vida aqui, na nova terra, não foi nada fácil. O trabalho era muito pesado e mal remunerado. Frequentemente surgiam reclamações de maus-tratos e abusos cometidos pelos donos da terra.
>
> Os longos séculos de regime escravista haviam desenvolvido atitudes de grande autoridade e crueldade nos fazendeiros brasileiros. [Eles] faziam uso de métodos nada civilizados como ameaças, multas por motivos sem importância e, até mesmo, agressões físicas.
>
> Imigrantes: viagem, trabalho e integração, de Plínio Carnier Júnior. São Paulo: FTD, 2000. p. 32.

- Como os trabalhadores imigrantes eram tratados pelos fazendeiros?

_____
_____
_____
_____
_____

Divirta-se e aprenda

Etapas da produção de café

Você consegue identificar as etapas de produção de café? As imagens a seguir mostram essas etapas, desde o plantio até o ensacamento para a venda em outros países. Escreva, nos espaços ao lado das imagens, uma legenda para cada uma delas, indicando qual etapa de produção ela representa.

_____
_____
_____
_____

_____
_____
_____
_____

_____
_____
_____
_____

Ilustrações: Gustavo Machado

114 Cento e catorze

Cento e quinze 115

A vida nas cidades

Insatisfeitos com as condições de trabalho nas fazendas, alguns imigrantes voltaram para seus locais de origem. Muitos, contudo, foram para as cidades, passando a se dedicar a diferentes atividades. Observe nas ilustrações o exemplo do personagem André.

André veio da Espanha. Depois de trabalhar durante alguns anos em uma fazenda de café, ele mudou-se para a cidade, onde começou a trabalhar em uma fábrica de tecidos. Conheça um pouco do dia a dia de André.

As condições de trabalho na fábrica eram difíceis e precárias. André trabalhava cerca de 10 horas por dia e só tinha descanso aos domingos. Além disso, com seu baixo salário, ele tinha dificuldades para sustentar sua família.

Nas fábricas, mulheres e crianças também trabalhavam e, mesmo realizando as mesmas tarefas que os homens, recebiam salários mais baixos.

A família de André era formada por sua esposa e três filhos. Eles moravam em um cortiço, tipo de moradia precária em que espaços como cozinha e banheiro eram utilizados por várias famílias.

Ilustrações: Gustavo Machado

Aos domingos, André e seus amigos da fábrica se reuniam para jogar futebol. Havia também times formados por trabalhadores de outras fábricas que jogavam contra o time de André.

Aos domingos, André também gostava de reunir a família e os amigos do bairro onde morava.

Conheça, a seguir, alguns amigos de André.

Antônio era o irmão mais novo de André. Ele trabalhava em uma loja de sapatos e morava com André no cortiço.

Domenico era italiano. Ele trabalhava com André, mas sofreu um acidente na fábrica e procurava um novo emprego.

Henrik era alemão e trabalhava como barbeiro. Ele morava com a família em uma casa ao lado do cortiço onde morava André.

Samir era libanês e trabalhava como mascate, vendendo diversos produtos de casa em casa. Ele planejava um dia ter sua própria loja.

Que curioso!

O futebol no Brasil

A história do futebol no Brasil começa no final do século 19, quando o esporte foi introduzido no país.

No início, somente rapazes ricos praticavam o esporte no Brasil. Os equipamentos eram importados e caros, e os uniformes eram elegantes, alguns até com chapéus!

Aos poucos, o futebol passou a ser jogado por operários, principalmente imigrantes, nos terrenos vazios das cidades. Algumas fábricas, percebendo que o esporte melhorava o rendimento de seus funcionários, passaram a incentivar sua prática e a criar seus próprios times e clubes.

No entanto, mesmo com a popularização do futebol, a maioria dos clubes não aceitava jogadores negros em seus times. A escravidão no Brasil havia acabado oficialmente em 1888, mas o preconceito contra afrodescendentes no país ainda era muito grande.

O primeiro clube brasileiro a aceitar jogadores negros foi o carioca Bangu, em 1905. Outros clubes, aos poucos, seguiram essa tendência, tornando o esporte cada vez mais popular.

Foto que retrata o time de futebol do Bangu, no Rio de Janeiro, em 1911.

As associações de ajuda mútua

As associações de ajuda mútua surgiram a partir da organização de imigrantes que estavam insatisfeitos com a assistência prestada pelo governo brasileiro. Reunindo-se para discutir sobre suas condições de vida, homens e mulheres formaram comunidades para dar apoio aos imigrantes recém-chegados ao Brasil e aos trabalhadores que já haviam se instalado no país.

Essas associações ofereciam auxílio nas áreas de educação e saúde, prestando assistência médica e distribuindo remédios. Além disso, ofereciam apoio financeiro e ajudavam os imigrantes a encontrar um trabalho.

As associações de ajuda mútua eram também uma maneira de preservar a cultura dos imigrantes, pois costumavam promover diversas atividades de lazer, como festas, apresentações musicais e peças de teatro. Veja a foto a seguir.

Foto que retrata um grupo de adultos e crianças em uma festa oferecida por uma associação de ajuda mútua italiana, na cidade de São Paulo, em 1915.

Pratique e aprenda

1. Ligue as fotos a seguir às suas respectivas legendas.

Homens, mulheres e crianças em frente à fábrica de tecidos onde trabalhavam, no município de São Paulo, 1910.

Imigrantes europeus trabalhando como vendedores ambulantes no município do Rio de Janeiro, século 19.

Imigrante de origem árabe, proprietário de um estabelecimento comercial, e seus funcionários, no município de São Paulo, por volta de 1910.

Fotos: Acervo Iconographia/Reminiscências

2. Com base na análise das imagens, escreva no caderno um pequeno texto sobre o trabalho dos imigrantes nas cidades brasileiras no final do século 19 e início do século 20. Para compor seu texto, utilize também as informações das páginas **116** e **117**.

3. O texto a seguir aborda a vinda de imigrantes italianos para o Brasil na atualidade. Leia-o e depois realize as atividades.

O Brasil recebeu aproximadamente 30 mil novos imigrantes italianos no período de 2000 a 2015 – mais da metade (16 mil) nos últimos cinco anos [...]. Os dados fazem parte do Projeto "Nuovi Arrivati" (Recém-Chegados), que tem o objetivo de quantificar e traçar o perfil [...] dos cidadãos italianos residentes no Brasil há menos de 10 anos.

[...]

Uma constatação é que se trata de uma população adulta jovem, com a maioria entre 20 e 45 anos, que chegou solteira, embora muitos hoje se declarem casados e com filhos, tendo construído aqui um percurso de vida. "No primeiro período analisado [por meio dos dados do Sistema Nacional de Cadastro e Registro de Estrangeiros – Sincre], de 2000 a 2015, temos mais homens que mulheres [...], com uma concentração de jovens, o que está ligado à falta de oportunidades no mercado de trabalho da origem.

Nuovi Arrivati, de Luiz Sugimoto. *O Estrangeiro*. 25 nov. 2016.
Disponível em: <https://oestrangeiro.org/2016/11/25/nuovi-arrivati/>. Acesso em: 24 set. 2017.

- De acordo com o texto, marque um **X** na alternativa correta de cada uma das questões.

a. Qual foi o número de imigrantes italianos que o Brasil recebeu entre os anos de 2000 e 2015?

○ Aproximadamente 45 mil.

○ Aproximadamente 10 mil.

○ Aproximadamente 30 mil.

b. Qual é o objetivo do projeto "Nuovi Arrivatti"?

○ Enviar os imigrantes italianos de volta ao seu país.

○ Oferecer moradia e trabalho aos novos imigrantes italianos.

○ Traçar o perfil dos cidadãos italianos residentes no Brasil há menos de 10 anos.

c. Qual foi o motivo que levou esses imigrantes a buscarem o Brasil?

○ Casar com pessoas brasileiras.

○ A falta de oportunidades de trabalho em seu país de origem.

○ Estudar nas universidades brasileiras.

4. Vimos que, nas fábricas, mulheres e crianças costumavam receber salários menores do que os homens, mesmo realizando as mesmas tarefas. E na atualidade, isso ainda ocorre? Converse com os colegas. Depois, com a ajuda do professor, escrevam um texto coletivo sobre o tema.

Para fazer juntos!

Em grupo, façam uma pesquisa sobre as seguintes questões:

- Algum de seus familiares saiu de sua cidade ou de seu país de origem para morar ou trabalhar em outra cidade ou país?
- Qual era a origem?
- Quando foi realizada a viagem?
- Os costumes da cidade ou país de origem foram mantidos?

Em seguida, produzam cartazes com as informações coletadas no levantamento. Depois, façam uma exposição em sala de aula.

Aprenda mais!

O *site Museu do Futebol* apresenta informações sobre a história desse esporte tão popular no Brasil, reunindo textos e fotos sobre o futebol no país e no mundo.

O *site* também disponibiliza o acesso a uma página que permite ao visitante a realização de pesquisas sobre os jogadores, os jogos de futebol e os estádios onde as partidas foram realizadas no passado e na atualidade.

<www.museudofutebol.org.br>.
Acesso em: 18 set. 2017.

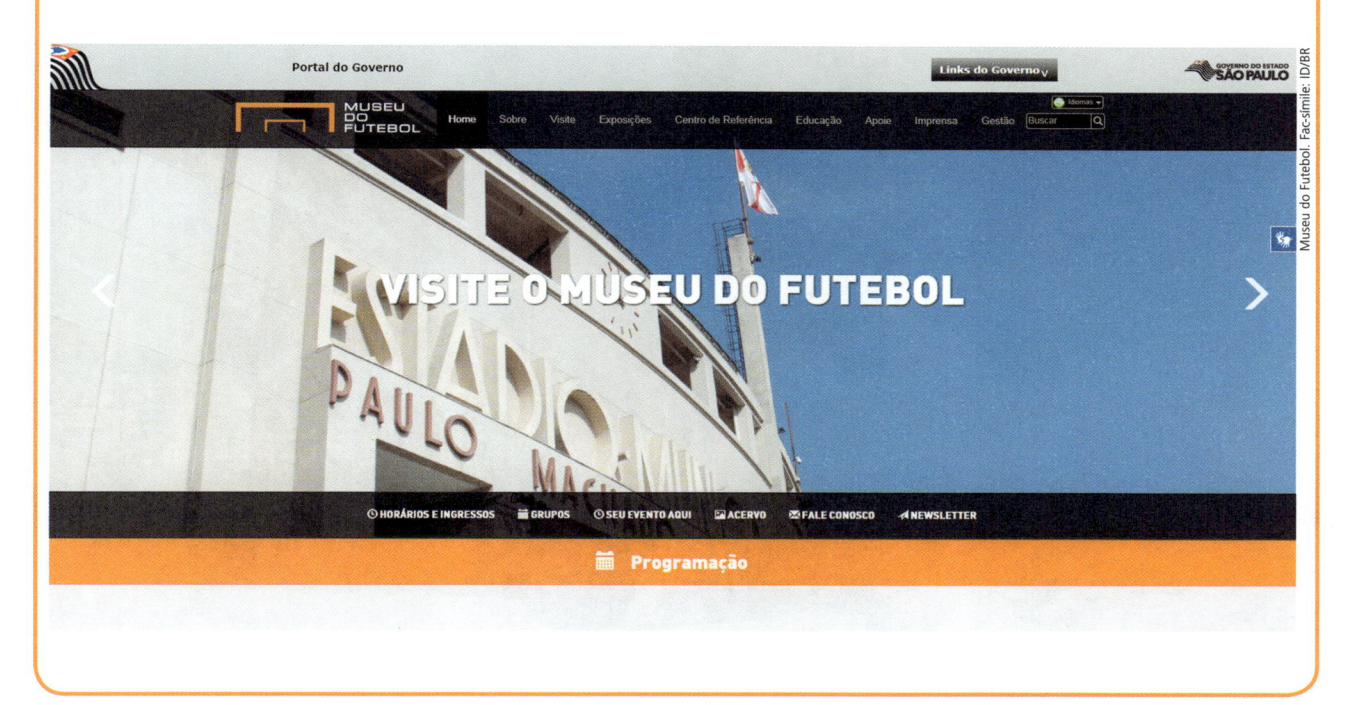

Ponto de chegada

1. Você considera que estudar as culturas africanas e indígenas, por exemplo, é uma forma de conhecer melhor a cultura brasileira? Por quê?

2. Em sua opinião, qual foi a importância de as pessoas escravizadas resistirem à escravidão? Converse com os colegas.

3. Em seu caderno, escreva um pequeno texto sobre o cotidiano dos imigrantes nas fazendas de café.

unidade 4

Tradições culturais no Brasil

Grupo dançando frevo, em Recife, Pernambuco, 2016.

Ponto de partida

1. O que são tradições culturais?
2. Qual aspecto das tradições culturais do Brasil pode ser percebido na foto?
3. Essa tradição cultural faz parte de seu cotidiano? Comente com os colegas.

A cultura do tempo atual

O termo cultura pode ser definido como um conjunto de conhecimentos, hábitos, crenças, linguagens e costumes que são compartilhados por uma sociedade em uma determinada época.

O texto a seguir trata da importância de se conhecer a história e a cultura de nossos antepassados. Leia-o.

> Brasil, o país em que vivemos, é o lugar onde habitaram nossos antepassados e onde se desenvolveu, ao longo do tempo, a sociedade atual. Existem diversos **vestígios** deixados pelos povos ancestrais: belas construções, danças e músicas, quadros, documentos, obras de arte. [...] O nosso presente é a soma do **legado** dos homens e mulheres das gerações anteriores à nossa. Conhecendo como era o dia a dia dos nossos antepassados, quais eram suas preocupações, de que se alimentavam ou como construíam suas casas, compreendemos melhor o mundo atual. [...]
>
> *Aprendendo História e Geografia*, de César Coll e Ana Teberosky. São Paulo: Ática, 2000. p. 10.

legado: aquilo que é transmitido para as pessoas de geração em geração
vestígios: neste caso, sinais deixados pelos seres humanos que viveram no passado

1. Para os autores do texto, como podemos definir o presente, o tempo em que vivemos? Marque um **X** na alternativa correta.

◯ O presente é a soma do legado de mulheres e homens das gerações anteriores à nossa.

◯ O presente não tem qualquer ligação com o passado.

2. De que maneira podemos compreender melhor o mundo atual?

3. Em sua opinião, como a história dos seus ancestrais pode fazer parte da sua realidade?

Os conhecimentos, as crenças, os hábitos e os costumes legados dos ancestrais fazem parte do nosso dia a dia. Grande parte de nossa cultura atual é composta de elementos do passado, dos elementos que permaneceram ao longo do tempo.

Dessa forma, é muito importante conhecermos a história e a cultura de nossos antepassados. Estudar as diferentes culturas que formaram a **cultura brasileira**, entre elas a indígena, a africana e a europeia, nos ajuda a entender muitos aspectos de nossa vida atual.

O forró, representado nessa pintura, é um gênero musical típico da Região Nordeste do Brasil. Ele é fruto da mistura entre as culturas indígena e europeia. *Forrozando no boteco*, de Vanice Ayres. Nanquim colorido sobre papel, 75 cm × 55 cm, de 2013.

Pratique e aprenda

1. Responda às questões a seguir.

   a. Cite alguns elementos da cultura brasileira que fazem parte de seu cotidiano.

   _____

   _____

   b. Reflita sobre seus costumes diários: se você tem ou não o hábito de acordar cedo; se costuma ouvir música; se gosta de animais; etc. Depois, comente de que forma é possível perceber a cultura de seus antepassados em seu cotidiano.

   _____

   _____

   _____

2. O texto a seguir trata das diferentes influências que ajudaram a criar a música popular brasileira (MPB). Leia-o e responda às questões.

> [...]
>
> A música popular brasileira surgiu a partir de uma mistura de ritmos vindos dos europeus, africanos e indígenas, mas é entre os séculos 16 e 18 que ela começa a tomar forma, a partir do crescimento das cidades e da necessidade de haver entretenimento e expressão popular. [Surgem] assim os dois primeiros ritmos musicais que marcaram a história da MPB: o lundu, de origem africana, com batidas fortes e ritmadas, e a modinha, de origem portuguesa, com tom melancólico, sempre [abordando] temas românticos com batidas calmas [...]. No final do século 19, surge o Choro ou Chorinho, a partir da mistura do lundu, da modinha e da dança de salão europeia. [...]
>
> Música popular brasileira. *Smartkids*. Disponível em: <www.smartkids.com.br/especiais/musica-popular-brasileira.html>. Acesso em: 19 ago. 2017.

a. Marque um **X** nas alternativas que indicam a origem dos ritmos que influenciaram a música popular brasileira.

- ◯ Indiana.
- ◯ Europeia.
- ◯ Canadense.
- ◯ Africana.
- ◯ Japonesa.
- ◯ Indígena.

b. Quais são os dois primeiros ritmos musicais que marcaram a história da música popular brasileira? Marque um **X** nas alternativas corretas.

- ◯ Lundu.
- ◯ Modinha.
- ◯ Tango.

c. Que estilo musical criado a partir da mistura dos ritmos português e africano é citado no texto? Você já ouviu esse tipo de música?

_____
_____
_____

Para fazer juntos!

A cultura brasileira se formou a partir da mistura de diferentes culturas, entre elas as indígenas, as africanas e as europeias. Com um colega, observe as fotos a seguir, que retratam diferentes contribuições desses povos para a cultura brasileira.

A Mandioca.

B Azeite de dendê.

C Cavaquinho.

- Pesquisem informações sobre a origem dos elementos retratados nas fotos e procurem exemplos do seu uso no dia a dia dos brasileiros. Depois, produzam cartazes com as informações pesquisadas e os exponham na sala de aula.

As tradições indígenas

Leia a história em quadrinhos a seguir, que trata da influência de alguns hábitos indígenas no cotidiano dos brasileiros.

A cultura indígena em nosso dia a dia

VOCÊ SABIA QUE O MILHO E MUITOS DE NOSSOS COSTUMES E HÁBITOS TÊM ORIGEM INDÍGENA?

HUM! ESSE MILHO ESTÁ UMA DELÍCIA, MÃE!

É VERDADE! VÁRIOS ALIMENTOS QUE ERAM MUITO IMPORTANTES PARA OS INDÍGENAS, COMO A BATATA-DOCE, O INHAME, A MANDIOCA E O MILHO, HOJE FAZEM PARTE DA CULINÁRIA BRASILEIRA.

OS INDÍGENAS TAMBÉM RETIRAM DA NATUREZA PLANTAS, FRUTAS E ERVAS QUE SÃO UTILIZADAS PARA TRATAR DE ALGUMAS DOENÇAS OU PARA PRESERVAR A SAÚDE.

QUER DIZER QUE É COM ESSE BOLDO QUE VOCÊ FAZ CHÁ PARA DOR DE ESTÔMAGO?

ISSO MESMO!

MINUTOS DEPOIS...

MÃE, O HÁBITO DE TOMAR BANHO TODOS OS DIAS TAMBÉM É UM COSTUME HERDADO DOS POVOS INDÍGENAS?

É SIM! UM COSTUME MUITO HIGIÊNICO!

Gustavo Machado

O COSTUME DE DESCANSAR E DORMIR EM REDES FOI HERDADO DOS INDÍGENAS E ESTÁ PRESENTE EM MUITAS MORADIAS BRASILEIRAS.

— BOA AULA, LUCAS!
— TCHAU, VÔ!

DEPOIS, NA ESCOLA...

JACARÉ
YA CA RÉ

— HOJE, VAMOS APRENDER ALGUMAS PALAVRAS DE NOSSO VOCABULÁRIO QUE SÃO DE ORIGEM INDÍGENA... POR EXEMPLO, JACARÉ, QUE EM TUPI-GUARANI É YACARÉ!

— MUITOS DOS OBJETOS QUE UTILIZAMOS EM NOSSO DIA A DIA TAMBÉM TÊM ORIGEM INDÍGENA. OBSERVEM ESTE CESTO DE PALHA E ESTAS VASILHAS FEITAS DE MADEIRA E DE CERÂMICA.

— UAU! NÓS HERDAMOS MUITAS COISAS DA CULTURA INDÍGENA, NÃO É, PROFESSORA?

— SIM, LUCAS! MUITOS ELEMENTOS DA CULTURA INDÍGENA FAZEM PARTE DA CULTURA BRASILEIRA!

FIM.

Gustavo Machado

Cento e trinta e um **131**

Os indígenas e seu modo de vida

A população indígena que vive atualmente no Brasil é muito variada. Cada povo realiza celebrações específicas, tem uma língua própria, possui determinadas crenças, além de uma visão de mundo particular. Contudo, apesar das diferenças que têm entre si, os vários povos indígenas existentes no país apresentam muitas semelhanças em seu modo de vida.

A maior parte deles mantém tradições do passado, que foram transmitidas pelos seus ancestrais.

A pintura corporal faz parte da tradição de muitos povos indígenas. Criança indígena do povo tukano, em Manaus, Amazonas, no ano de 2013.

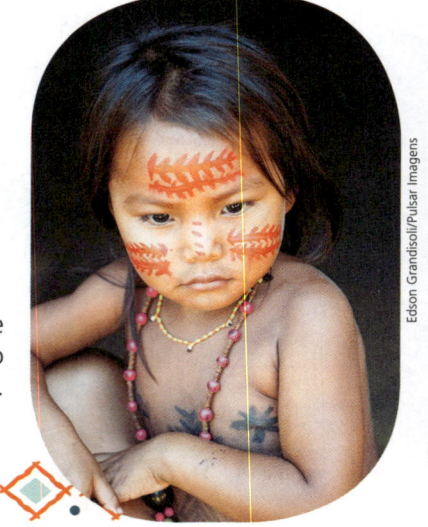

Fazem parte das tradições indígenas, por exemplo, lendas, festas, o modo como constroem suas habitações e como organizam suas aldeias, a maneira como preparam os alimentos, as técnicas que utilizam para trabalhar, plantar, colher, caçar e pescar.

Veja alguns aspectos do modo de vida tradicional que são comuns a vários povos indígenas na atualidade.

Muitos povos indígenas vivem em **aldeias** construídas no meio de florestas, pois é da natureza que obtêm o que precisam para viver, como alimentos e matérias-primas para a construção de suas habitações.

Vista aérea de uma aldeia Yanomami, em Barcelos, Amazonas, no ano de 2012.

Os trabalhos realizados nas aldeias são divididos entre homens e mulheres. Geralmente, as mulheres são responsáveis pelas atividades agrícolas, como plantar e colher alimentos, além de cozinhar e produzir utensílios, como redes, cestos de palha e potes de cerâmica. Já os homens devem caçar, pescar, construir habitações e defender a aldeia.

Mulher Kalapalo preparando beiju, no Parque Indígena do Xingu, em Querência, Mato Grosso, em 2011.

As pessoas mais velhas da aldeia são muito respeitadas. Elas conhecem a história e as tradições de seu povo e as transmitem aos mais jovens.

Idoso contando histórias para crianças da etnia Guarani, em uma aldeia em Pariquera-Açu, São Paulo, no ano de 2010.

As crianças indígenas participam de vários acontecimentos da aldeia. Além dos pais, outros adultos como tios, primos e avós são responsáveis pela educação das crianças. Elas crescem com bastante liberdade e aprendem a fazer as atividades cotidianas observando os adultos.

Criança participando do ritual do *Quarup*, em aldeia do povo kalapalo, em Querência, Mato Grosso, no ano de 2009.

Muitos grupos indígenas que vivem no Brasil mantêm contato com a sociedade não indígena e, por isso, assimilaram muitos hábitos que não faziam parte de sua cultura, como o hábito de vestir roupas e o uso de equipamentos eletrônicos em casa, como televisores, geladeiras e telefones celulares.

Pratique e aprenda

1. De acordo com a história em quadrinhos das páginas **130** e **131**, responda às seguintes questões.

    a. Que hábitos de origem indígena fazem parte do cotidiano dos brasileiros na atualidade?

    _____
    _____
    _____

    b. Em sua casa, há a presença de algum desses hábitos? Qual(is)?

    _____
    _____

2. Observe as fotos a seguir, que retratam indígenas que incorporaram hábitos da sociedade não indígena.

A

a. Relacione cada foto à legenda correspondente.

○ As aldeias atualmente possuem alguns equipamentos eletrônicos que auxiliam os indígenas no dia a dia, como as antenas parabólicas.

○ Os indígenas utilizam aparelhos como o telefone celular. Essa tecnologia, que antes não fazia parte de sua cultura, pode proporcionar muitas facilidades a esses povos.

b. Agora, escreva uma nova legenda para cada uma das fotografias.

_____
_____
_____
_____

3. Apesar de os povos indígenas terem tradições bastante diferentes, alguns aspectos são comuns a vários desses povos. Cite alguns exemplos.

_____
_____

4. Cada povo indígena possui uma visão de mundo própria. Por meio de suas histórias e lendas, interpretam a natureza ao seu redor. Leia a seguir uma lenda indígena sobre a origem do rio Amazonas.

Muito tempo atrás, no fundo da floresta amazônica, havia um pássaro chamado Jurutaí. Uma noite, Jurutaí olhou para cima, através do ar quente, e viu a lua. Ela estava completamente redonda. A luz prateada brilhou sobre a face de Jurutaí como se a lua estivesse se esticando para tocá-lo. E Jurutaí se apaixonou.

Jurutaí se apaixonou pela lua e quis ir até onde ela estava. Assim, voou até o topo da árvore mais alta que podia ver. Mas a lua ainda estava longe. Ele voou até o cume de uma montanha. Mas a lua ainda estava longe. [...]

O pássaro continuou voando para cima até as asas doerem, os olhos arderem e parecer que cada respiração só enchia seus pulmões de vazio. [...] A força de suas asas chegou ao fim e de repente ele começou a cair. Rodopiava, através do ar negro, e batia as asas céu abaixo. Ele caiu de volta nas folhas úmidas e perfumadas das árvores. E se empoleirou ali, piscando ofegante para a lua. Ela estava distante demais para que ele a alcançasse. Assim, tudo o que Jurutaí podia fazer era cantar para ela. Ele cantou a mais bela canção que pôde. Uma canção cheia de tristeza e amor, que se espalhou pela floresta.

A lua olhou para baixo, mas não respondeu. E lágrimas encheram os olhos de Jurutaí. Suas lágrimas rolaram pelo chão da floresta. Encheram vales e escorreram em direção ao mar. E dizem que foi assim que o rio Amazonas surgiu.

[...]

A lenda de Jurutaí, de Sean Taylor. Em: *Cobra-grande*: histórias da Amazônia. Tradução de Maria da Anunciação Rodrigues. São Paulo: Edições SM, 2008. p. 8.

(Original publicado por Frances Lincoln Ltd, copyright © 2008. Reprodução autorizada por Frances Lincoln Ltd, um selo The Quarto Group.)

- Responda às seguintes questões de acordo com o texto sobre a lenda indígena da origem do rio Amazonas.

a. Quem é Jurutaí? Por quem ele se apaixonou?
_____
_____

b. O que Jurutaí fez ao se apaixonar? O que aconteceu depois?
_____
_____

c. De que maneira a lenda explica a origem do rio Amazonas.
_____
_____
_____

d. Agora, faça um desenho representando essa lenda indígena. Depois de pronto, mostre seu desenho aos colegas.

Divirta-se e aprenda

Peteca

A peteca é um brinquedo indígena que existe há muito tempo. Seu nome, de origem tupi, significa "bater com a palma da mão". Até hoje muitas crianças se divertem com a peteca!

Que tal produzir a sua própria peteca? Veja as instruções a seguir.

Vou precisar de:

- Uma xícara de arroz
- Um balão de festa
- Uma sacola de plástico
- Meia folha de jornal
- Fita adesiva
- Barbante
- Tesoura com pontas arredondadas

Procedimentos

A Coloque o arroz dentro do balão de festa e dê um nó. Essa será a base da peteca.

B Envolva o balão de festa com a folha de jornal, fazendo o formato de uma bola um pouco achatada.

C Depois, passe a fita adesiva para que fique bem firme.

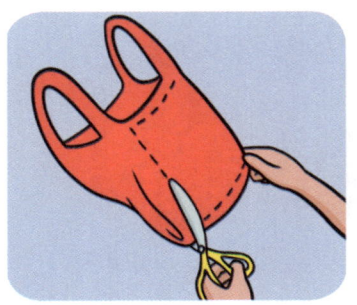

D Corte as alças, o fundo e uma das laterais da sacola.

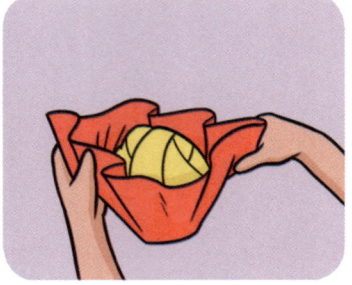

E Coloque a bola no centro e levante as pontas da sacola.

F Depois, amarre com o barbante. A peteca está pronta! Agora é só brincar!

Ilustrações: Cria Ideias

Os direitos indígenas

Hoje, no Brasil, vivem aproximadamente 900 mil indígenas, distribuídos em cerca de 240 povos. Cada um desses grupos possui características sociais específicas, além de normas próprias que conduzem o dia a dia das pessoas que dele fazem parte.

Nas sociedades indígenas, as normas são estabelecidas pela própria comunidade de acordo com suas necessidades, sendo os direitos e os deveres de cada um conhecidos e respeitados por todos.

Fora de suas comunidades, os indígenas, após anos de luta, conquistaram também alguns direitos, expressos na Constituição Brasileira de 1988.

> [...] O indígena é "cidadão" em sua comunidade. Ali ele exerce os seus direitos políticos, escolhendo seus dirigentes, decidindo sobre seus interesses [...], estabelecendo e cumprindo suas próprias leis. [...] Apesar de sua identidade nacional própria, o indígena [...] é beneficiário dos direitos e das garantias fundamentais, declarados na Constituição do Brasil.
>
> A proteção jurídica das comunidades indígenas do Brasil, de Antonio Sebastião de Lima. *Revista de Informação Legislativa*. Brasília: Senado Federal, n. 93, jan./maio 1987. Disponível em: <www2.senado.leg.br/bdsf/bitstream/handle/id/181995/000866086.pdf?sequence=1>. Acesso em: 19 ago. 2017.

Entre os direitos indígenas declarados na Constituição de 1988, estão a garantia sobre suas terras, o respeito à sua organização social e a preservação de sua identidade cultural.

Indígenas na Assembleia Constituinte de 1988, em Brasília, Distrito Federal.

A presença dos portugueses

No Brasil, a influência da cultura portuguesa está presente desde o final do século 15, quando os primeiros exploradores europeus chegaram e estabeleceram contato com os indígenas que aqui viviam.

Durante todo o processo de colonização, a cultura portuguesa teve uma presença muito marcante e, ao longo do tempo, tornou-se um elemento muito importante na formação da cultura brasileira atual. Observe.

A **língua portuguesa**, atualmente o idioma oficial do Brasil, é um dos maiores legados da cultura portuguesa no país. Falado de modo diferente em cada região, o **português brasileiro**, como é chamado, tem características próprias.

Exemplares de folhetos da literatura de **cordel**, tipo de literatura de origem portuguesa muito popular na Região Nordeste do Brasil. Foto de 2010.

cordel: estilo literário popular escrito na forma de poemas rimados

O **carnaval**, atualmente uma das principais festas populares do Brasil, é de origem portuguesa. Antes chamada de **entrudo**, essa festa era realizada nas ruas das cidades coloniais, onde as pessoas se divertiam com jogos e brincadeiras.

Festa de carnaval na cidade de Olinda, Pernambuco, em 2015.

O **catolicismo** é atualmente a religião com o maior número de seguidores no Brasil. Ele foi trazido para o país pelos primeiros colonizadores portugueses e imposto aos povos indígenas que aqui viviam e aos africanos que foram trazidos para cá. Esses povos, com o passar do tempo, adotaram práticas do catolicismo, entretanto, muitos mantiveram suas antigas religiões.

Foto de 2013 retratando a congada do Divino Espírito Santo, festa religiosa que mistura elementos cristãos com a religiosidade africana, em Goiânia, Goiás.

Muitas tendências artísticas europeias chegaram até nós por influência da cultura portuguesa. Entre elas estão o **estilo Barroco**, predominante na época colonial. O estilo Barroco, que sofreu grandes transformações ao entrar em contato com a cultura brasileira, pode ser visto em fachadas de igrejas e esculturas. Um dos artistas barrocos mais conhecidos é o escultor e arquiteto Antônio Francisco Lisboa, o **Aleijadinho**, que viveu em Minas Gerais entre os séculos 18 e 19.

Foto de escultura feita por Aleijadinho em frente a uma igreja barroca na cidade de Congonhas, Minas Gerais, em 2014.

Para fazer juntos!

A língua portuguesa no Brasil é muito rica e diversificada, pois possui várias palavras de origem estrangeira que foram incorporadas ao vocabulário. Leia as palavras do quadro a seguir.

- ( ) vatapá
- ( ) sanduíche
- ( ) origami
- ( ) futebol
- ( ) peteca
- ( ) salada
- ( ) quimono
- ( ) azulejo
- ( ) abacaxi
- ( ) caratê
- ( ) clube
- ( ) beiju

- Formem duplas e pesquisem em livros, dicionários e na internet o significado e a origem dessas palavras. Depois, marquem nos quadrinhos as letras correspondentes à origem delas.

  A Palavra de origem indígena.
  B Palavra de origem africana.
  C Palavra de origem árabe.
  D Palavra de origem inglesa.
  E Palavra de origem japonesa.

Pratique e aprenda

1. Você já participou de uma festa de carnaval? Em caso afirmativo, escreva um texto contando como foi essa experiência.

_____
_____
_____
_____
_____
_____
_____

2. Vários personagens que fazem parte do folclore brasileiro têm origem ou grande influência portuguesa, como o Lobisomem, a Cuca, o Saci Pererê e a Mula sem cabeça. As ilustrações a seguir representam esses personagens. Identifique-os e escreva a letra da ilustração na legenda correspondente.

A

B

C

D

Ilustrações: Waldomiro Neto

○ Criatura meio homem, meio lobo, que aparece em noites de lua cheia para aterrorizar as pessoas.

○ Menino de uma perna só, muito brincalhão. Vive aprontando travessuras, como esconder objetos ou assustar as pessoas com sua gargalhada.

○ Mistura de mulher com jacaré que assusta as crianças mal-educadas e desobedientes.

○ Criatura com corpo de mula que solta fogo no lugar da cabeça. Ela persegue as pessoas à noite.

Investigue e aprenda

Festas juninas

As festas juninas, que são muito populares no Brasil, são de origem europeia. Há muitos séculos, antigos povos europeus costumavam comemorar a chegada do verão com grandes festas ao redor de fogueiras. Com o passar dos anos, essas festas foram associadas a festividades cristãs, que comemoravam o dia de São João e de outros santos no mês de junho.

A tradição de comemorar o dia de São João foi trazida ao Brasil pelos portugueses. A fogueira e os fogos de artifício despertavam a curiosidade de alguns povos indígenas, facilitando o processo de aproximação entre portugueses e nativos.

A

Festa na Roça, de Lourdes de Deus. Acrílico sobre tela, 150 cm x 150 cm. 2017.

A festa junina passou por diversas transformações ao longo do tempo e incorporou elementos de diferentes culturas. Algumas comidas típicas de festa junina, por exemplo, têm influência das culturas indígena e africana, como o curau e a canjiquinha. Outra característica marcante da festa é a dança da quadrilha, que era praticada nos salões europeus e foi adaptada pelos portugueses para animar as festas juninas.

Atualmente, as festas juninas não são mais uma celebração exclusivamente religiosa, sendo realizadas em escolas, clubes e associações de bairro. De acordo com a região do país, a festa pode sofrer variações, tendo vestimentas e comidas diferentes. O texto a seguir foi extraído do livro *São Bernardo*, de Graciliano Ramos, escrito em 1934. Ele narra uma típica festa junina do interior do Nordeste brasileiro daquela época. Leia-o.

B

[...] Nas noites de São João, uma fogueira enorme iluminava a casa de seu Ribeiro. Havia fogueiras diante das outras casas, mas a fogueira do major tinha muitas **carradas** de lenha. As moças e os rapazes andavam em redor dela, de braço dado. Assava-se milho verde nas brasas e davam-se tiros medonhos de **bacamarte**. O major possuía um bacamarte, mas o bacamarte só desenferrujava nos festejos de São João. [...]

São Bernardo, de Graciliano Ramos. 75. ed. Rio de Janeiro: Record, 2002. p. 36.

bacamarte: antiga arma de fogo de cano largo e curto
carradas: cargas que um carro pode transportar de uma só vez

a. Quais são os tipos de fontes históricas **A** e **B**, apresentadas nas páginas **144** e **145**? Em que época cada uma delas foi produzida?

b. Identifique os elementos de uma festa junina nessas duas fontes.

Que curioso!

Países lusófonos

A língua portuguesa é o idioma oficial de outros países e regiões, além do Brasil. Eles fazem parte de um grupo chamado **países lusófonos**, ou seja, países onde se fala a língua portuguesa. Entre eles estão Portugal, São Tomé e Príncipe, Angola, Moçambique, Cabo Verde, Guiné-Bissau e Timor Leste.

Professora auxilia aluno a ler em uma escola na cidade de Santana, Ilha da Madeira, em 2009.

Apesar de compartilharem o mesmo idioma, o português falado nesses lugares apresenta diferenças, que podem ser percebidas no uso e no significado de algumas palavras ou mesmo na maneira de pronunciá-las.

- Que palavras da língua portuguesa você consegue identificar na imagem acima?

Para fazer juntos!

Você sabia que muitos sobrenomes brasileiros são de origem portuguesa? Porto, Costa, Pessoa, Silva, Cabral e Andrade são alguns exemplos.

- Em grupo, façam uma pesquisa e procurem saber quais colegas de sala possuem sobrenomes de origem portuguesa e qual o significado de cada sobrenome. Depois, escrevam os sobrenomes e seus significados no caderno.

As culturas africanas no Brasil

Os povos africanos apresentavam uma grande variedade cultural, e a preservação dos seus costumes e tradições pode ser percebida até hoje.

Observe as fotos.

A Homem habitante do Marrocos, no norte da África.

B Moradora da região de Kunene, na Namíbia, país no sul da África.

C Mulher habitante da África do Sul.

D Habitante do Quênia, da reserva nacional Maasai Mara.

Essa diversidade cultural também pode ser percebida, por exemplo, nas diferentes formas de organização política, nas maneiras como realizam as cerimônias religiosas, nos idiomas que falam e nas características físicas que apresentam.

- Quais características em comum podem ser percebidas entre as pessoas retratadas? E quais as diferenças?

A cultura afro-brasileira

Os africanos que foram trazidos para o Brasil para trabalhar como escravos eram originários de diversas regiões do continente e pertenciam a diferentes povos, cada um deles com sua própria cultura e seu modo de vida.

Chegando ao Brasil, eles entraram em contato com culturas diferentes das suas, principalmente as indígenas e as europeias. No entanto, apesar das dificuldades enfrentadas durante a escravidão, os povos africanos preservaram suas tradições como forma de resistência.

Veja alguns exemplos de aspectos da cultura africana no Brasil.

Os africanos tiveram grande participação na formação da culinária brasileira, dando origem a diversos pratos, como o vatapá e o acarajé.

Na foto, uma mulher prepara e comercializa comidas típicas afro-brasileiras, em Salvador, Bahia, em 2009.

Na religiosidade, a cultura dos povos iorubás é predominante. Eles trouxeram consigo a crença em seus deuses, os orixás. No Brasil, o culto aos orixás deu origem ao candomblé. Com o tempo, essa religião deixou de ser cultuada apenas por descendentes de africanos e tem seguidores de diferentes origens.

Foto que retrata a festa de Iemanjá, realizada em Praia Grande, São Paulo, em 2011.

O samba, um dos ritmos musicais mais populares do Brasil, também tem influência africana. Ele é tocado principalmente com instrumentos de percussão, como surdo, tamborim e pandeiro.

A foto mostra o grupo Samba de Pareia da Mussuca, durante o Encontro Cultural de Laranjeiras, Sergipe, em 2013.

Os conhecimentos técnicos

Os diferentes povos da África trouxeram ao Brasil conhecimentos técnicos desenvolvidos no continente africano ao longo de séculos.

Sob a condição de escravizados ou livres, africanos e seus descendentes exerceram diversos ofícios especializados no Brasil. Foram agricultores, mineradores, ferreiros, marceneiros, carpinteiros, artistas, construtores, etc.

Os africanos foram responsáveis pela introdução de novas técnicas e tecnologias de trabalho minerador no Brasil. Instrumentos como a bateia começaram a ser utilizados em grande escala e até hoje são muito comuns na realização da atividade mineradora.

Na foto, um minerador utiliza a bateia, no Rio Araguari, em Sacramento, Minas Gerais, 2010.

Diversos povos africanos desenvolveram conhecimentos de metalurgia, ou seja, de técnicas utilizadas para a fabricação de objetos e ferramentas de metal. Essas técnicas tiveram grande importância e durante muito tempo foram usadas, por exemplo, para produzir ferramentas para a agricultura, como pás e enxadas.

Pratique e aprenda

1. Cite exemplos da cultura africana que estão presentes na cultura brasileira.

_____
_____
_____
_____
_____
_____

2. Leia o texto a seguir, que trata da capoeira, uma importante manifestação cultural afro-brasileira.

> A capoeira é um jogo de destreza muito popular e foi trazida para o Brasil pelos escravos africanos. Ela era usada tanto para defesa pessoal quanto para diversão.
>
> Os movimentos ágeis e cadenciados de ataque e defesa eram utilizados pelos escravos nas brigas e nas fugas, mas também como brincadeira, ou jogo, nas raras horas de descanso.
>
> Os escravos se uniam e formavam grupos, o que fortalecia sua identidade cultural, e assim, de certa forma, obtinham um pouco de liberdade de ação.
>
> Essa união incomodava os donos e feitores. E a prática da capoeira passou a ser legalmente proibida.
>
> Apesar disso, a capoeira sobreviveu como dança, ou, segundo alguns, atividade lúdica. O importante é que ela foi preservada até hoje, mantendo sua coreografia, música, ritmo e beleza. [...]

Festas e tradições, de Nereide Schilaro Santa Rosa. São Paulo: Moderna, 2001. p. 22-23.

Observe a imagem.

Roda de Capoeira, de Johann Moritz Rugendas. Litografia colorida. 1835.

a. Quais eram os usos da capoeira pelos africanos escravizados?
_____
_____
_____

b. De acordo com o texto, por que a capoeira foi importante para os africanos escravizados?
_____
_____

c. Por que a capoeira é uma tradição da cultura popular brasileira?
_____
_____

d. Descreva a imagem. Quem são as pessoas representadas? Como elas estão vestidas e o que estão fazendo?
_____
_____
_____

e. Você já assistiu a uma apresentação de roda de capoeira? Em caso afirmativo, escreva um texto contando sua experiência.

_____
_____
_____
_____
_____

Aprenda mais!

A história de *Maré Capoeira* é contada por Maré, apelido de João, um menino apaixonado por capoeira.

A capoeira faz parte da tradição familiar de Maré. Ele sonha em ser mestre de capoeira, assim como seu pai, seu avô e seu bisavô.

Ao assistir ao filme, é possível conhecer a história da capoeira, um dos costumes mais antigos da cultura africana e que, ainda hoje, é praticado por brasileiros de todas as etnias.

<http://portacurtas.org.br/filme/?name=mare_capoeira>.
Acesso em: 18 ago. 2017.

Maré Capoeira. Direção de Paola Barreto Leblanc. Brasil: 2005 (14 min).

Fazendo história

Geledés, Instituto da Mulher Negra

A discriminação contra afrodescendentes no Brasil é muito antiga e desde a chegada dos primeiros africanos esteve presente em nossa sociedade. Na época da escravidão, por exemplo, os escravizados sofriam com a discriminação e eram submetidos a condições de trabalho injustas e desumanas. Muitos deles, no entanto, buscaram lutar contra essa situação.

Um dos resultados dessas lutas foi a abolição da escravatura e o surgimento, no Brasil, de diversos movimentos sociais com o intuito de combater o desrespeito aos africanos e afrodescendentes, que infelizmente ainda existe em nossa sociedade. Um desses movimentos na atualidade é o Geledés, Instituto da Mulher Negra, criado em 1988.

O Geledés desenvolve projetos com a intenção de valorizar a cultura afro-brasileira e promover o respeito e a igualdade entre todas as pessoas, combatendo, em especial, o preconceito contra mulheres afrodescendentes.

Entre diversos projetos, o Instituto incentiva professores a criar aulas com conteúdos relacionados à cultura africana e auxilia mulheres que foram vítimas de algum tipo de violência, tendo assim um amplo e efetivo campo de atuação na sociedade.

Cartaz comemorativo dos 30 anos do Instituto Geledés.

Divirta-se e aprenda

Ganzá

A música africana contribuiu de maneira significativa para a construção da cultura brasileira: diversos ritmos e instrumentos musicais de origem africana estão presentes na música produzida no Brasil. Um desses instrumentos é o **ganzá**, semelhante a um chocalho, que é utilizado em diversos estilos musicais, como o samba e o forró.

Veja a seguir como construir esse instrumento.

Vou precisar de:

- Grãos de arroz
- Cola
- Lápis de cor
- Fita adesiva
- Duas latas vazias do mesmo tamanho
- Folha de papel branco

Procedimentos

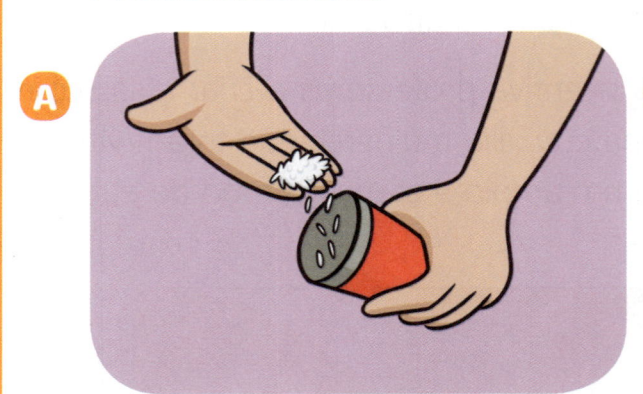

A Coloque um punhado de grãos de arroz dentro de uma das latas.

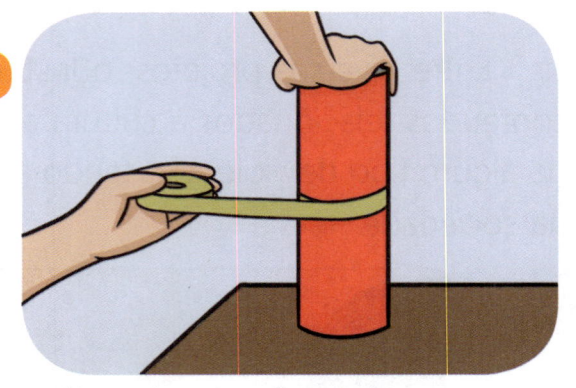

B Una as latas com fita adesiva.

C Corte a folha de papel no tamanho suficiente para cobrir as duas latas.

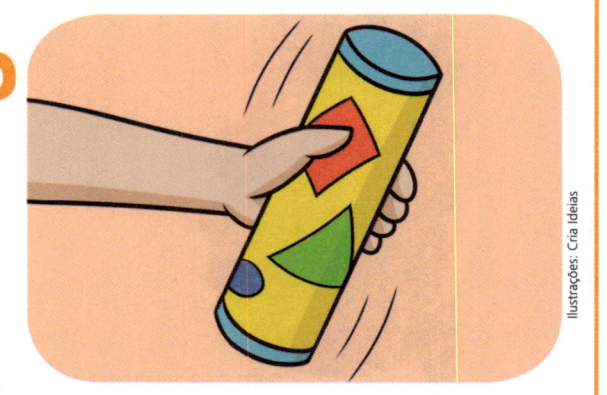

D Agora, faça um desenho na folha e cole-a nas latas. Está pronto o seu ganzá! É só agitá-lo para fazer o ritmo!

Ilustrações: Cria Ideias

A influência dos imigrantes no Brasil

Observe as fotos a seguir.

Brasileiros comemorando a *Oktoberfest*, uma festa tradicional alemã, na cidade de Blumenau, Santa Catarina, 2013.

NA MINHA CASA, QUEM FAZ ESSE PRATO É MEU AVÔ. É A MELHOR PAELLA DO MUNDO!

A *paella*, prato de origem espanhola, é consumida em diferentes regiões do Brasil. A base desse prato é o arroz, acompanhado de legumes, carnes ou frutos do mar. Foto que retrata uma *paella*.

Bairro da Liberdade, um dos primeiros núcleos de habitação dos imigrantes japoneses, na cidade de São Paulo. Pode-se perceber a presença da cultura japonesa em alguns elementos da arquitetura. Foto da cidade de São Paulo, em 2013.

Muitos imigrantes de origem judaica vieram para o Brasil. Sinagoga Kahal Zur Israel, em Recife, Pernambuco, 2013.

Ao virem trabalhar e morar no Brasil, a partir do século 19, imigrantes de diferentes nacionalidades trouxeram consigo seus costumes e tradições. Mesmo se adaptando ao novo modo de vida, eles mantiveram aspectos de sua cultura. Ao mesmo tempo, muitos costumes dos brasileiros também foram se modificando, incorporando as tradições dos imigrantes.

Atualmente, a influência dos imigrantes na cultura brasileira pode ser percebida de várias maneiras, como no aspecto físico das pessoas, em diferentes pratos e receitas, em práticas esportivas, em atividades de lazer, na arquitetura, etc.

Quem eram os imigrantes?

Veja, a seguir, os principais grupos de imigrantes que vieram para o Brasil a partir do final século 19, e conheça um pouco mais sobre suas contribuições para a formação da cultura brasileira.

Os imigrantes **italianos** foram os que vieram em maior número para o Brasil. Suas influências culturais podem ser percebidas no cotidiano dos brasileiros. Pratos como a *pizza*, a macarronada, o nhoque e a linguiça calabresa são exemplos dessas influências.

Foto que retrata imigrantes italianos trabalhando na colheita da laranja na cidade de Limeira, São Paulo, no início do século 20.

Junto a trabalhadores de diferentes origens, como italianos e portugueses, os **espanhóis** tiveram participação política ativa na fundação dos primeiros sindicatos que lutavam pelos direitos trabalhistas no Brasil. A cultura espanhola pode ser percebida atualmente na culinária, na música e na dança.

Foto de imigrantes espanhóis trabalhando no Brasil, em 1950.

Os **alemães** fundaram várias colônias na Região Sul do Brasil. Destacaram-se nas atividades agrícolas, comerciais e de manufatura. A cultura alemã pode ser percebida na religiosidade, nas festas tradicionais e na arquitetura.

Foto de família de imigrantes alemães no Núcleo Colonial Nova Europa, em Ibitinga, São Paulo, em 1943.

Os primeiros imigrantes **japoneses** chegaram ao Brasil no início do século 20 e foram os que tiveram maiores dificuldades de adaptação cultural. Seus alimentos eram muito diferentes, assim como seu modo de vida. Com o passar do tempo, no entanto, vários costumes de origem japonesa foram incorporados ao cotidiano dos brasileiros.

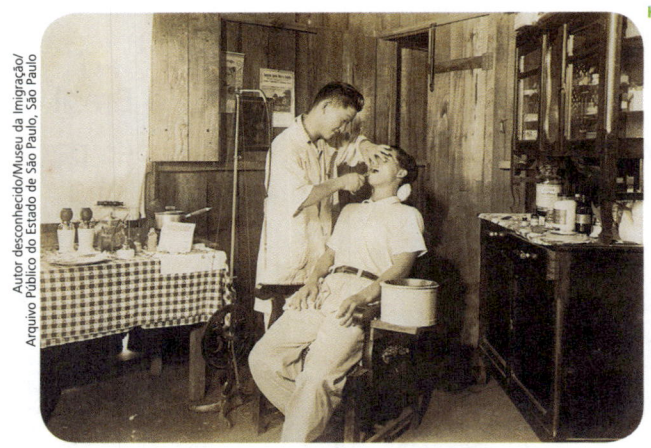

Foto que retrata um imigrante japonês trabalhando como dentista no Brasil, no início do século 20.

No Brasil, grande parte dos imigrantes **sírios** e **libaneses** exerce principalmente atividades urbanas, como vendedores ambulantes ou donos de estabelecimentos comerciais. Muitos elementos de sua cultura podem ser percebidos em tradições como a dança do ventre, ou em pratos como o quibe e a esfirra.

Foto que retrata a loja de um imigrante sírio na cidade de São Paulo, em 1954.

Imigrantes **judeus** de diversas partes do mundo vieram para o Brasil. No século 19, por exemplo, milhares de famílias judias se mudaram para o Brasil, fugindo principalmente de perseguições religiosas. Esses imigrantes se destacaram nas atividades comerciais, na indústria e nas artes.

Foto de família de imigrantes judeus na cidade de São Paulo, no início do século 20.

💬 **1.** Algumas dessas influências culturais citadas fazem parte do seu dia a dia? Explique.

💬 **2.** Você é descendente de algum dos povos citados nas páginas **157** e **158** ou conhece alguém descendente desses povos? Qual?

Pratique e aprenda

1. Leia o texto a seguir, que aborda a presença da cultura dos imigrantes em alguns dos bairros da cidade de São Paulo.

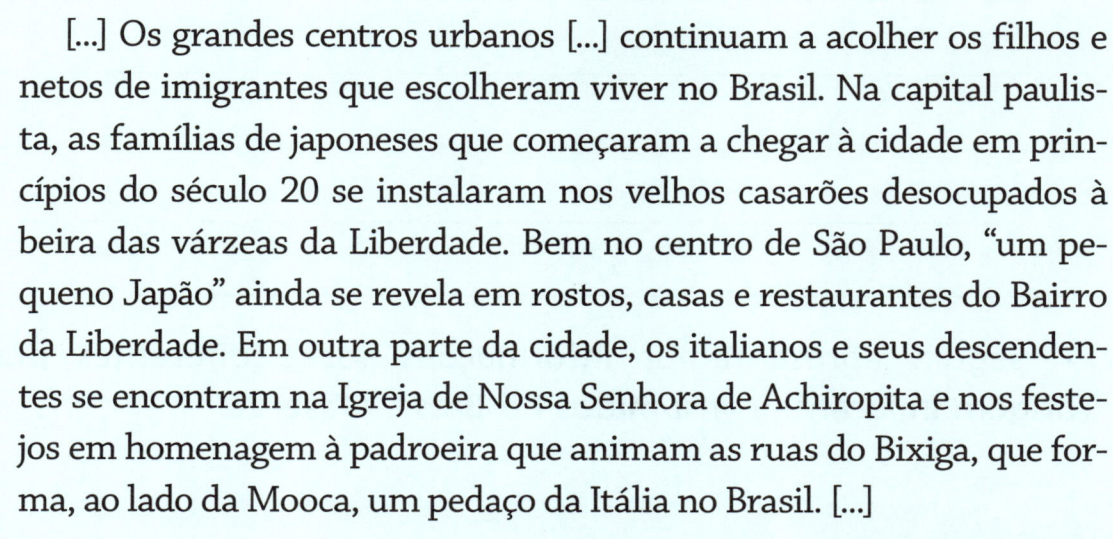

> [...] Os grandes centros urbanos [...] continuam a acolher os filhos e netos de imigrantes que escolheram viver no Brasil. Na capital paulista, as famílias de japoneses que começaram a chegar à cidade em princípios do século 20 se instalaram nos velhos casarões desocupados à beira das várzeas da Liberdade. Bem no centro de São Paulo, "um pequeno Japão" ainda se revela em rostos, casas e restaurantes do Bairro da Liberdade. Em outra parte da cidade, os italianos e seus descendentes se encontram na Igreja de Nossa Senhora de Achiropita e nos festejos em homenagem à padroeira que animam as ruas do Bixiga, que forma, ao lado da Mooca, um pedaço da Itália no Brasil. [...]
>
> Tradições preservadas, de Juliana Barreto Farias. Revista *Nossa História*. Rio de Janeiro: Vera Cruz, ano 2, n. 24, out. 2000. p. 32.

- Agora, realize as atividades a seguir.

  a. O texto trata da presença de imigrantes de quais nacionalidades?

  ◯ Alemães.   ◯ Italianos.

  ◯ Japoneses.   ◯ Libaneses.

  b. Quais imigrantes se instalaram no Bairro da Liberdade? Como a autora do texto se refere a esse bairro?

  _____

  _____

  c. Quais imigrantes se instalaram nos bairros do Bixiga e da Mooca? Que manifestação cultural costuma acontecer nesses bairros?

  _____

  _____

d. Você conhece algum bairro em sua cidade que foi fundado por imigrantes? Qual o nome do bairro e qual a nacionalidade dos imigrantes que nele moram?

_____
_____
_____
_____
_____

2. A seguir, apresentamos informações sobre diferentes pratos de origem imigrante consumidos no Brasil. Observe.

A Esse prato típico é feito de massa de trigo cortada em fios e cozida. Geralmente, é servido com molho de tomate e carne moída. Sua origem é italiana.

B Esse alimento consiste em uma pequena torta de massa de pão assada com recheio de carne, queijo ou verduras. Sua origem é árabe.

C São pratos típicos feitos com arroz. Um deles é envolto por algas e pode ter recheio de peixe, ovo ou verdura. O outro prato consiste em carne de peixe crua e temperada envolvendo um bolinho de arroz. Sua origem é japonesa.

D Esse prato é composto de repolho e de salsichas de carne de porco. Sua origem é alemã.

• Agora, relacione as informações da página anterior a cada uma das fotos correspondentes.

◯

◯

◯

◯

Aprenda mais!

O livro *Em Angola Tem? No Brasil também!* conta a história de dois garotos que começam a se corresponder por cartas. Josinaldo vive em Salvador, Brasil, e Matondo vive em Luanda, Angola. Aos poucos, eles descobrem que as duas cidades possuem muitas semelhanças. Empolgados com a descoberta, os garotos passam a perceber cada vez mais as influências que um país teve sobre o outro.

Em Angola tem? No Brasil também!, de Rogério Andrade Barbosa. São Paulo: FTD, 2010.

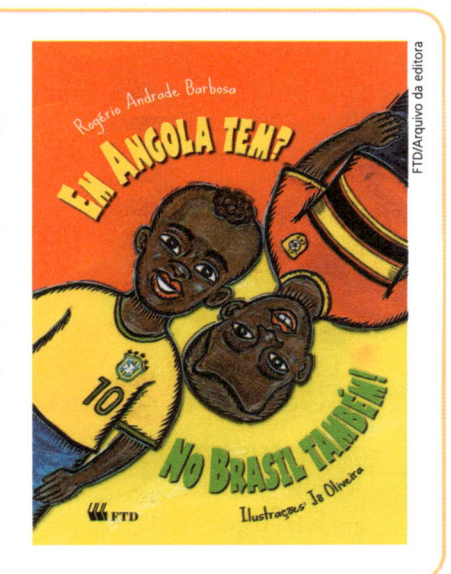

As migrações

As migrações ocorrem quando as pessoas se deslocam de seu lugar de moradia. Isso pode ocorrer por várias razões. Elas podem se deslocar, por exemplo, em busca de novas oportunidades de trabalho e de melhores condições de vida. As pessoas também podem se mudar por causa de conflitos e guerras, perseguições políticas ou de tragédias e problemas ambientais na região onde vivem.

Os deslocamentos populacionais que ocorrem dentro do território brasileiro são chamados **migrações internas**. Ao longo dos anos, muitas pessoas migraram em nosso país, deslocando-se entre as regiões brasileiras. Analise o mapa a seguir.

➡ As obras de construção da cidade de Brasília, no final da década de 1950, fez com que muitos trabalhadores do Nordeste se dirigissem à Região Centro-Oeste.

➡ Por volta de 1970, a busca por terras e por melhores condições de vida estimulou o fluxo de muitas pessoas da Região Sul para os estados do Centro-Oeste e Norte do Brasil.

➡ No final do século 19 e início do 20, a extração do látex na região amazônica atraiu muitas pessoas do Nordeste para trabalhar nos seringais.

➡ A partir da década de 1950, muitas famílias que viviam no Nordeste se deslocaram para o Sudeste em busca de emprego, principalmente por causa do desenvolvimento industrial dessa região.

Fluxos de migração no Brasil (séculos 19 e 20)

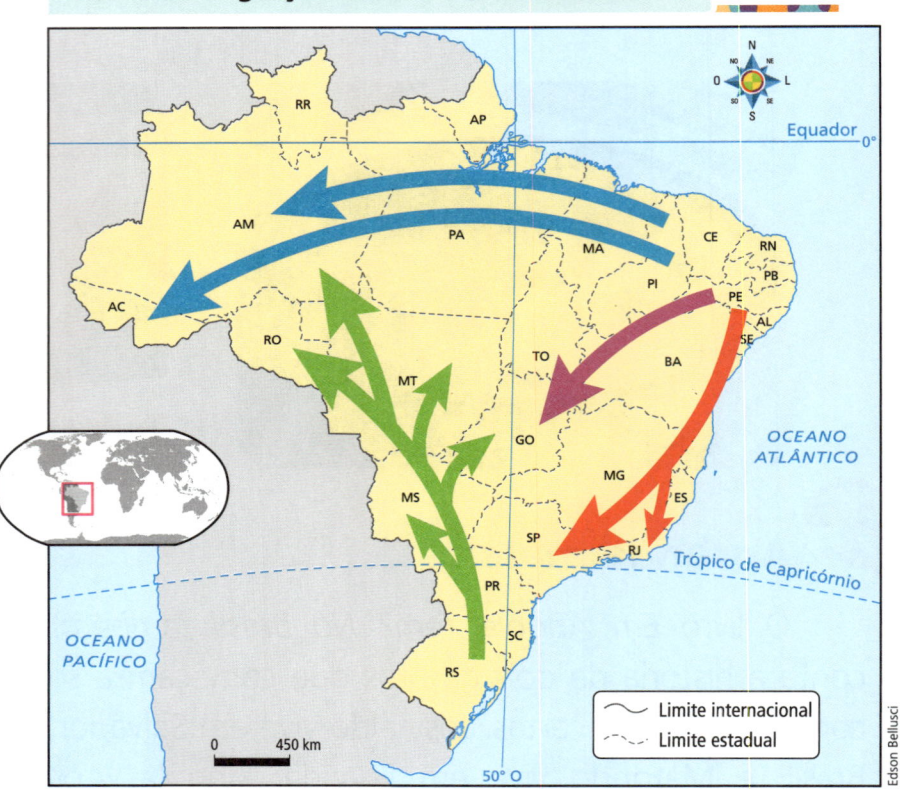

Fonte de pesquisa: Fábio Akio Sasaki e outros (Editor). *Almanaque Abril*. São Paulo: Abril, 2014.

💬 **1.** Qual é a região de origem da maior parte dos fluxos migratórios apresentados no mapa?

💬 **2.** Reflita e converse com os colegas: o que leva as pessoas a migrar de região na atualidade?

As migrações e a formação cultural do Brasil

A circulação de pessoas entre as várias regiões do Brasil favoreceu a troca de culturas e de tradições entre as populações, aumentando ainda mais a diversidade do nosso país. Leia o relato a seguir, de Cora Martins.

> Eu sou de São Luís, lá no Maranhão. Vim estudar em Londrina, no Paraná, e até hoje vivo aqui com minha família.
>
> Assim que cheguei percebi como os costumes eram diferentes! No Maranhão, por exemplo, as pessoas não costumavam jantar refeições tipo arroz e feijão como aqui. Lá todo mundo costumava fazer um lanche da tarde, mais leve e cheio de comidas típicas como a tapioca ou cuscuz, um costume que trouxe para o sul comigo. Outra coisa diferente é que aqui em Londrina as apresentações e danças de rua não costumam envolver a participação do público. Mas lá no Maranhão, nas rodas de dança, qualquer um podia entrar e participar!

Relato de Cora Martins, 34 anos, set. de 2017.

Foto de Cora, em 2017.

Muitas vezes, quando alguém ou uma família se muda de região, passa a conviver com pessoas que têm tradições e modos de vida diferentes do seu. Em alguns casos, essas pessoas acabam vivenciando situações de dificuldade de adaptação e até sofrendo discriminação, pelo fato de terem costumes diferentes. Devemos sempre combater esses preconceitos e respeitar a diversidade cultural brasileira.

3. Como podemos combater o problema da discriminação aos migrantes? Reflita com os colegas.

As migrações para a Região Norte

A partir do final do século 19 e início do 20, um grande número de pessoas se dirigiu para a Região Norte do Brasil em busca de oportunidade de trabalho na extração do látex, substância extraída da árvore seringueira e usada para a produção de borracha. Nessa época, o comércio de látex para ser usado nas indústrias era uma atividade bastante lucrativa.

O cotidiano nos seringais

Os seringueiros eram os trabalhadores responsáveis pela extração do látex. Muitos deles eram de origem nordestina e viviam em meio à Floresta Amazônica realizando diversas tarefas, como a demarcação e o corte das árvores e a extração, recolhimento e preparação do látex.

Seringueiro extraindo látex, por volta de 1910.

Como as tarefas nos seringais exigiam muito dos trabalhadores, eles não tinham tempo para se dedicar a plantações para consumo próprio. Dessa forma, sua alimentação era composta principalmente por produtos enlatados de origem europeia, que tinham preços bastante elevados.

As transformações no meio urbano

A extração do látex gerou muita riqueza para os donos dos seringais. Muitos desses recursos foram utilizados na modernização de algumas cidades do Norte do país, como Belém e Manaus. Diversas ruas receberam pavimentação, linhas de bonde e iluminação elétrica e foram instaladas redes de água e de esgoto nos centros urbanos. Além disso, foram construídos grandes edifícios para abrigar teatros, mercados e bibliotecas.

Porém, esses benefícios não atingiram todas as camadas da população, já que a desigualdade social nessa região era bastante elevada.

Os conflitos na região amazônica

Ao longo dos anos, a região amazônica passou por diversos conflitos. Alguns fazendeiros passaram a reivindicar ilegalmente a posse de terras na região, expulsando os seringueiros que viviam no local há anos. Além disso, o lucro do comércio ilegal de madeira estimulou o desmatamento de diversas áreas, afetando diretamente o trabalho dos seringueiros.

Nas décadas de 1970 e 1980, grupos liderados pelo seringueiro Chico Mendes passaram a lutar pelo seu direito de trabalhar e de viver na região amazônica, além de defenderem a manutenção da biodiversidade da floresta. Nessa época, os conflitos entre seringueiros e fazendeiros se acirraram, gerando inclusive a morte do líder.

Chico Mendes em frente ao sindicato dos trabalhadores rurais, em Xapuri, no Acre, em 1988.

Nos últimos anos, para regularizar o trabalho dos seringueiros e possibilitar o desenvolvimento sustentável da floresta, foram criadas pelo governo áreas de Reservas Extrativistas. Nesses locais, a exploração do látex e de outros recursos naturais é feita sem prejuízos à natureza, e de modo a manter o sustento das famílias que vivem na região.

Pescadores no rio Xingu às margens da Reserva Extrativista Verde para Sempre, em Porto de Moz, Pará, 2017.

Por dentro do tema

Educação ambiental

As Reservas Extrativistas

No Brasil, existem muitas populações tradicionais que vivem nas Reservas Extrativistas, como é o caso dos seringueiros. Nesses locais, a extração de recursos naturais é o principal meio de sobrevivência.

Nas reservas, apenas o **uso sustentável da natureza** é permitido. Você sabe o que isso significa? Que as comunidades usam os recursos sem comprometer a preservação do meio ambiente. Assim, nesses locais, as práticas abusivas e de caráter exploratório que podem prejudicar o ambiente são proibidas.

Além disso, a legalização das reservas permite a preservação dos meios de vida e da cultura das populações tradicionais.

Mulher colhendo açaí na Reserva Extrativista Tapajós-Arapiuns, município de Santarém, Pará, em 2017.

Atualmente, existem mais de oitenta Reservas Extrativistas regulamentadas no Brasil. O trabalho nessas comunidades costuma reunir diversas pessoas, que realizam grande parte das atividades em conjunto. Por isso, a integração é parte importante do modo de vida dessas populações.

- Qual é a importância das reservas extrativistas para a preservação do meio ambiente?

A cultura amazônica

As tradições culturais da região amazônica estão bastante ligadas aos costumes dos povos indígenas que até hoje vivem na região.

Além disso, a cultura amazônica sofreu a influência da vinda dos migrantes de outras regiões do Brasil, principalmente do Nordeste. Muitos deles trouxeram consigo seus costumes e modo de vida, como festas, danças e comidas típicas.

Conheça a seguir a festa do boi-bumbá, uma importante tradição de origem nordestina e que hoje faz parte também da cultura amazônica.

Considerada uma mistura de música, dança e encenação teatral, a festa do boi-bumbá é bastante popular no Brasil e assume características diferentes dependendo da região. A tradição teve origem no século 18, período em que a criação de gado tinha grande importância econômica na região nordestina. Foto de apresentação do Festival Folclórico de Parintins, Amazonas, 2017.

4. Você conhece outras tradições culturais que utilizam a figura do boi? Converse com os colegas.

Aprenda mais!

Acompanhe os personagens da Turma da Mônica nessa aventura pela Floresta Amazônica! O livro traz fotos, informações sobre o ciclo da borracha, lendas e muitas curiosidades sobre a região da Amazônia.

O livro da Floresta Amazônica, de Mauricio de Sousa. São Paulo: FTD, 2013.

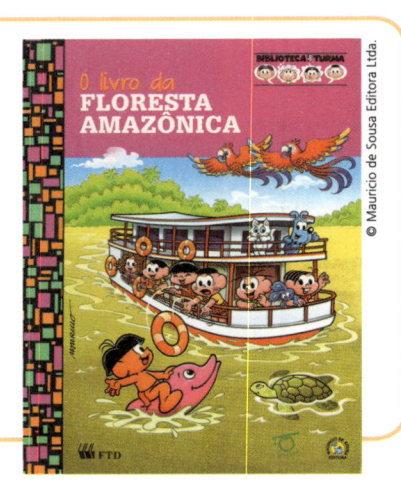

Pratique e aprenda

1. Observe a foto ao lado e depois realize as atividades a seguir.

a. Qual era a principal atividade econômica desenvolvida na região amazônica na época da construção do Teatro?

◯ Atividade industrial.

◯ Extração do látex.

◯ Plantação de cana-de-açúcar.

Foto atual do Teatro Amazonas, inaugurado na cidade de Manaus, Amazonas, em 1896. Ele é considerado um patrimônio material do Brasil.

b. Além da construção do Teatro, cite outras transformações que ocorreram na Região Norte nessa época.

_____
_____
_____
_____

2. Leia o texto a seguir e, depois, responda às questões.

> Existe certa magia
> No nosso modo de ser,
> Marca de todas as gentes
> Que aqui passaram a viver,
> Com seus dons e seus saberes,
> Suas lutas, seus sofreres,
> Pra mistura enriquecer. [...]
> Desse modo floresceu
> Aqui a diversidade,
> Não há na nossa cultura
> Uma única identidade:
> Sendo diversas raízes,
> São diferentes matizes
> Na nossa sociedade. [...]
> Diversidades imensas
> Podemos detectar
> Por este Brasil afora
> De lugar para lugar:
> Na fala, na etnia,
> Na rica sabedoria,
> Que o povo pode ensinar.
>
> *Brasil*: um mosaico de culturas – Cordel, de Nezite Alencar. São Paulo: Paulus, 2016. p. 9; 52; 54.

a. De acordo com o texto, qual é a principal riqueza do nosso país?

_____

_____

b. Em sua opinião as migrações internas contribuem para aumentar a diversidade cultural no Brasil? Explique.

_____

_____

_____

c. Você conhece alguém que tenha se mudado de região no Brasil? Junte-se a um colega e conversem com essa pessoa. Questione-a sobre como foi a mudança, se ela percebeu diferenças culturais no novo local e como foi sua adaptação. Depois, conte sobre a conversa para o restante da turma.

Processos migratórios da década de 1950

Na década de 1950, ocorreu um grande fluxo migratório no território brasileiro, por causa do projeto de implantação da nova capital do país em substituição ao Rio de Janeiro.

Nessa época, o governo brasileiro deu início à construção da cidade de Brasília. Para trabalhar nas obras, foi necessário um grande número de trabalhadores, que vieram de várias regiões do país, principalmente do Nordeste.

Operários trabalhando em construção de prédio em Brasília, Distrito Federal, 1957.

Esses trabalhadores foram chamados de **candangos**. Eles viviam um cotidiano bastante difícil, com muito trabalho e pouco tempo para descanso. A Região Centro-Oeste, ainda pouco habitada, não tinha estrutura adequada para receber tantas pessoas, e as moradias disponibilizadas ao redor de Brasília eram extremamente precárias.

Após o fim das construções, muitos candangos continuaram morando em cidades perto de Brasília.

Moradias precárias habitadas por trabalhadores e suas famílias durante a construção de Brasília, Distrito Federal, em 1961.

A influência cultural nordestina na atualidade

Muitos fluxos migratórios entre as décadas de 1940 e 1980 tiveram origem no Nordeste. Nessa época, motivadas pela seca e pela busca por melhores condições de vida, muitas famílias deixaram a região.

Assim, por causa dessas migrações, a cultura nordestina, muito diversificada, hoje está presente em todo o Brasil. Veja a seguir.

A literatura de cordel, por exemplo, gênero literário de origem portuguesa em que as histórias são narradas em versos com rimas, foi desenvolvida no Nordeste, e é conhecida em todo o Brasil.

Foto de livretos de literatura de cordel.

O acarajé, prato de influência africana, é bastante popular no Nordeste. Feito com massa de feijão, cebola e sal, frita em azeite de dendê, esse prato típico se espalhou para outras regiões do Brasil.

Foto de bolinhos de acarajé.

O baião é um ritmo musical de origem nordestina e muito popular. As festas e bailes em que as pessoas escutam e dançam baião são chamados de forrós.

Pessoas dançando forró durante festa junina em Campina Grande, Paraíba, 2015.

Além dos aspectos culturais envolvendo a culinária, a literatura e as danças típicas, muitas pessoas do Nordeste também tiveram um papel de destaque na cultura nacional e ficaram conhecidas em todo o Brasil. Veja a seguir alguns exemplos.

Luiz Gonzaga foi um cantor e compositor de origem pernambucana. Em 1939, ele se mudou para o Rio de Janeiro em busca de emprego. Foi então que teve início sua carreira musical. Cantando músicas nordestinas, nos ritmos do xote, baião e xaxado, Gonzaga tornou-se conhecido em todo o Brasil.

Foto de Luiz Gonzaga durante apresentação, em 1978.

Rachel de Queiroz foi uma escritora cearense que passou alguns anos fora do Nordeste por conta da seca. Em 1939, suas obras literárias já atingiam um grande público pelo Brasil. Rachel escreveu muitos livros que abordam a realidade brasileira.

Foto de Rachel de Queiroz, no Ceará, em 1998.

Aprenda mais!

Por meio da coleção *Todo o Brasil*: parte III, você irá conhecer um pouco do cotidiano de crianças que habitam as regiões Norte e Nordeste do Brasil. A coleção tem quatro livros e conta a história de Celeste, que mora no Ceará; de José, morador de Pernambuco; de Cauê, morador de Roraima; e de Fátima, que vive no município de Belém, no Pará.

Todo o Brasil: parte III, de Cristina Von. São Paulo: Callis, 1999.

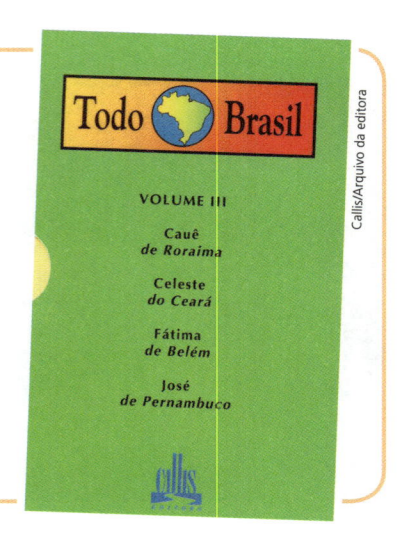

Pratique e aprenda

1. Observe a manchete a seguir. Depois, responda às questões.

> **Festa de São João transforma avenida Paulista em arraial nordestino**
>
> Disponível em: <https://www1.folha.uol.com.br/cotidiano/2017/06/1895969-festa-de-sao-joao-transforma-avenida-paulista-em-arraial-nordestino.shtml>.
> Acesso em: 7 jul. 2018.

a. Qual é o tema da manchete?

_____

_____

b. Que fator contribuiu para que a cultura nordestina se espalhasse pelo Brasil?

_____

_____

c. Faça um desenho no espaço abaixo representando um exemplo de tradição cultural nordestina que você conheça. Depois, mostre-o aos colegas e converse com eles sobre isso.

2. Leia a seguir o relato do migrante José Ribamar, que deixou o Nordeste para viver em uma cidade do Rio de Janeiro com sua família.

> [...] Eu sou um migrante e sou uma das vítimas da grande seca que ocorreu no período de 1954 a 1955. Nessa época o meu pai era um pequeno comerciante e por força da necessidade econômica foi obrigado a fugir, literalmente, do Nordeste e procurar novos rumos. Então eu vim para o Sudeste com dois anos de idade. [...]
>
> Museu da Pessoa. Disponível em: <www.museudapessoa.net/pt/conteudo/historia/novos-mundos-44985>.
> Acesso em: 21 ago. 2017.

a. Quantos anos tinha Ribamar quando ele se mudou?

_____

b. Qual motivo levou a família de Ribamar a se mudar de região?

_____

_____

c. Agora, observe a pintura relacionando-a com o relato.

Retirantes, de Aécio. Óleo sobre tela, 50 cm x 30 cm. 2011.

- Que situação o artista buscou representar por meio da pintura? Como você chegou a essa conclusão?

_____

_____

_____

_____

3. Complete as frases com as palavras do quadro.

> seca ▪ candangos ▪ Nordeste
> precárias ▪ Brasília

a. Os trabalhadores que migraram para o Centro-Oeste para trabalhar na construção de _____ ficaram conhecidos como _____.

b. As condições de vida dos candangos eram bastante _____.

c. Por causa da _____, muitas pessoas migraram do _____ para outras regiões do Brasil.

Ponto de chegada

1. Retome a questão **3** da página **126** e verifique se você a responderia da mesma maneira. Justifique.

2. Retome os conteúdos apresentados nas páginas **132** e **133** e, em seu caderno, produza um pequeno texto com o tema "O modo de vida dos indígenas".

3. Nas páginas **148** e **149** foram apresentados aspectos da cultura africana no Brasil. Algum desses aspectos faz parte do seu dia a dia? Qual?

4. Retome a questão **2** da página **162** e verifique se você responderia da mesma maneira. Por quê?

Bibliografia

Boschi, Caio César. *Por que estudar História?* São Paulo: Ática, 2007.

Bosi, Ecléa. *Memória e sociedade*: lembranças de velhos. São Paulo: Companhia das Letras, 1994.

Caldeira, Jorge (Org.). *Brasil*: a história contada por quem viu. São Paulo: Mameluco, 2008.

Carvalho, José Murilo de (Coord.). *A construção nacional*: 1830-1889. Rio de Janeiro: Objetiva/Fundación Mapfre, 2012. v. 2. (História do Brasil nação: 1808-2010).

Costa, Emília Viotti da. *Da monarquia à república*: momentos decisivos. 9. ed. São Paulo: Ed. Unesp, 2010.

Decca, Maria A. Guzzo de. *Indústria, trabalho e cotidiano*: Brasil, 1889 a 1930. São Paulo: Atual, 1991.

Del Priore, Mary (Org.). *História das mulheres no Brasil*. São Paulo: Contexto, 2006.

Duncan, David Ewing. *Calendário*. Rio de Janeiro: Ediouro, 1999.

Fausto, Boris. *História do Brasil*. São Paulo: Edusp, 1995.

Gomes, Marcos Emílio (Coord.). *A Constituição de 1988, 25 anos*: a construção da democracia e liberdade de expressão: o Brasil antes, durante e depois da constituinte. São Paulo: Instituto Vladimir Herzog, 2013.

Guarinello, Norberto Luiz. *Os primeiros habitantes do Brasil*. 5. ed. São Paulo: Atual, 1994. (A vida no tempo do índio).

Hetzel, Bia; Negreiros, Silvia (Org.). *Pré-História brasileira*. Rio de Janeiro: Manati, 2007.

Karasch, Mary C. *A vida dos escravos no Rio de Janeiro*: 1808-1850. São Paulo: Companhia das Letras, 2000.

Le Goff, Jacques (Org.). *A História nova*. 5. ed. São Paulo: Martins Fontes, 2005.

Munanga, Kabengele. *Origens africanas do Brasil contemporâneo*: histórias, línguas, culturas e civilizações. São Paulo: Global, 2009.

Munduruku, Daniel. *Coisas de índio*. São Paulo: Callis, 2000.

Pinsky, Carla Bassanezi; Luca, Tania Regina de (Org.). *O historiador e suas fontes*. São Paulo: Contexto, 2012.

Pinsky, Jaime. *A escravidão no Brasil*. São Paulo: Contexto, 2000.

Reis, João José; Gomes, Flávio dos Santos (Orgs.). *Liberdade por um fio*: história dos quilombos no Brasil. São Paulo: Companhia das Letras, 2011.

Ribeiro, Darcy. *O povo brasileiro*: evolução e o sentido do Brasil. 2. ed. São Paulo: Companhia das Letras, 1995.

Ricardo, Beto; Ricardo, Fany (Edits.). *Povos indígenas no Brasil*: 2011-2016. São Paulo: Instituto Socioambiental, 2017.

Salvadori, Maria Angela Borges. *Cidades em tempos modernos*. São Paulo: Atual, 1995. (A vida no tempo).

Santa Rosa, Nereide Schilaro. *Religiões e crenças*. São Paulo: Moderna, 2001. (Arte e raízes).

Sevcenko, Nicolau. *A revolta da vacina*: mentes insanas em corpos rebeldes. São Paulo: Scipione, 1993. (História em aberto).

Silva, Kalina Vanderlei; Silva, Maciel Henrique. *Dicionário de conceitos históricos*. São Paulo: Contexto, 2006.

Singer, Paul. *A formação da classe operária*. 22. ed. São Paulo: Atual, 1998. (Discutindo a História).

Souza, Marina de Mello e. *África e Brasil africano*. São Paulo: Ática, 2006.

Toledo, Vera Vilhena de; Gancho, Cândida Vilares. *O Brasil põe a mesa*: nossa tradição alimentar. São Paulo: Moderna, 2009.

Vainfas, Ronaldo (Org.). *Dicionário do Brasil colonial*. Rio de Janeiro: Objetiva, 2000.

_____. *Dicionário do Brasil imperial*. Rio de Janeiro: Objetiva, 2002.

Veiga, Edison. *Essa tal proclamação da república*. São Paulo: Panda Books, 2009.

Whitrow, G. J. *O que é tempo? Uma visão clássica sobre a natureza do tempo*. Tradução de Maria Ignez Duque Estrada. Rio de Janeiro: Jorge Zahar Ed., 2005.